Svenja Gerling

Interkulturelle Freundschaften und ihre Entwicklung am Beispiel ehemaliger ERASMUS-Studierender

Diplomica Verlag GmbH

Gerling, Svenja: Interkulturelle Freundschaften und ihre Entwicklung am Beispiel
ehemaliger ERASMUS-Studierender. Hamburg, Diplomica Verlag GmbH 2014

Buch-ISBN: 978-3-8428-9051-0
PDF-eBook-ISBN: 978-3-8428-4051-5
Druck/Herstellung: Diplomica® Verlag GmbH, Hamburg, 2014

Bibliografische Information der Deutschen Nationalbibliothek:
Die Deutsche Nationalbibliothek verzeichnet diese Publikation in der Deutschen
Nationalbibliografie; detaillierte bibliografische Daten sind im Internet über
http://dnb.d-nb.de abrufbar.

Das Werk einschließlich aller seiner Teile ist urheberrechtlich geschützt. Jede Verwertung
außerhalb der Grenzen des Urheberrechtsgesetzes ist ohne Zustimmung des Verlages
unzulässig und strafbar. Dies gilt insbesondere für Vervielfältigungen, Übersetzungen,
Mikroverfilmungen und die Einspeicherung und Bearbeitung in elektronischen Systemen.

Die Wiedergabe von Gebrauchsnamen, Handelsnamen, Warenbezeichnungen usw. in
diesem Werk berechtigt auch ohne besondere Kennzeichnung nicht zu der Annahme,
dass solche Namen im Sinne der Warenzeichen- und Markenschutz-Gesetzgebung als frei
zu betrachten wären und daher von jedermann benutzt werden dürften.

Die Informationen in diesem Werk wurden mit Sorgfalt erarbeitet. Dennoch können
Fehler nicht vollständig ausgeschlossen werden und die Diplomica Verlag GmbH, die
Autoren oder Übersetzer übernehmen keine juristische Verantwortung oder irgendeine
Haftung für evtl. verbliebene fehlerhafte Angaben und deren Folgen.

Alle Rechte vorbehalten

© Diplomica Verlag GmbH
Hermannstal 119k, 22119 Hamburg
http://www.diplomica-verlag.de, Hamburg 2014
Printed in Germany

Kurzfassung

Die vorliegende Studie befasst sich mit *interkulturellen Freundschaften*, die sich im Rahmen von ERASMUS-Aufenthalten herausgebildet haben. Anhand narrativer Interviews mit fünf ehemaligen deutschen ERASMUS-Studierenden werden besonders die Entstehung der Freundschaftsbeziehungen sowie deren weitere Entwicklung während und nach Beendigung des Auslandsaufenthalts untersucht. Dabei werden die Phasen *Kennenlernen und Kontaktaufnahme*, *Freundschaftsbildung* und *Freundschaftserhaltung bzw. -beendigung* unterschieden. Als Ergebnis der Untersuchung werden die Kernpunkte der geäußerten Meinungen offengelegt und die speziellen Umstände identifiziert, die für das Gelingen einer Freundschaft förderlich bzw. hinderlich sind.

Schlagwörter: Freundschaft, interkulturelle Freundschaft, ERASMUS, Auslandsaufenthalt, Beziehung

Abstract

This paper analyzes cross-cultural friendships that have been developed through student exchanges within the ERASMUS program. For this purpose, five former German ERASMUS students have been interviewed. The formation and development of friendships have been closely researched throughout and upon completion of the stay abroad. In this context, three different phases are distinguished: *establishing contacts*, *friendship formation* and *friendship maintenance*. In conclusion to the study, this paper will examine the key points of the student's statements and reveal the specific circumstances that are either constructive or destructive for successful friendships.

Keywords: friendship, intercultural friendship, ERASMUS, stay abroad, relationship

Inhaltsverzeichnis

Kurzfassung I

Abstract I

Inhaltsverzeichnis III

Abbildungsverzeichnis V

Tabellenverzeichnis V

1 Einleitung 1
    1.1 Motivation und Ziel der Studie 1
    1.2 Aufbau der Studie 2

2 Theoretische Grundlagen 5
    2.1 Der Freundschaftsbegriff 5
        2.1.1 Geschichtliche Entwicklung des Freundschaftsbegriffs 12
        2.1.2 Kulturspezifische Unterschiede 15
        2.1.3 Aktuelle Besonderheiten und der Einfluss der *neuen Medien* ... 18
        2.1.4 Geschlechts- und altersspezifische Unterschiede 20
        2.1.5 Freundschaft und Identität 22
    2.2 Entwicklung von Freundschaft 23
        2.2.1 Entstehen von Freundschaft 23
        2.2.2 Pflege und Erhaltung von Freundschaft 25
        2.2.3 Beendigung von Freundschaft 27
    2.3 Interkulturelle Freundschaft 29
        2.3.1 Entstehen von interkultureller Freundschaft 30
        2.3.2 Hindernisse bei der Entwicklung interkultureller Freundschaft ... 34
        2.3.3 Nutzen von interkultureller Freundschaft 36
    2.4 Auslandsaufenthalt im Rahmen von Austauschprogrammen für Studierende 37
        2.4.1 Beschreibung des ERASMUS-Programms 37
        2.4.2 Kontakte der Austauschstudierenden während des Auslandsaufenthalts 39

3 Empirische Untersuchung 44
    3.1 Das narrative Interview als Erhebungsinstrument 44
    3.2 Auswahl der Probanden 49
    3.3 Durchführung der Interviews 50
    3.4 Transkription 51
    3.5 Textanalyse nach Deppermann/Lucius-Hoene 52

4		**Darstellung und Interpretation der Ergebnisse**	**56**
	4.1	Vorstellung der Interviewpartner und deren Positionierung zum Freundschaftsbegriff	56
	4.2	Kennenlernen und Kontaktaufnahme	63
	4.3	Entwicklung der Beziehungen *während* des ERASMUS-Aufenthalts	70
	4.4	Weitere Entwicklung der Beziehungen *nach* dem ERASMUS-Aufenthalt	76
	4.5	Zusammenfassung der Analyseergebnisse	80
5		**Fazit und Ausblick**	**84**

Literaturverzeichnis **87**

Anhang A: Gesprächsinventar (Interviewprotokoll) .... **i**

Anhang B: Interviewleitfaden .... **ii**

Anhang C: Transkriptionsregeln .... **iii**

Abbildungsverzeichnis

Abbildung 1: Zwiebelmodell (in Anlehnung an Hofstede/Hofstede 2011: 8) 16
Abbildung 2: Einflussfaktoren interkultureller Freundschaft nach Gareis (1995: 49) 30
Abbildung 3: Erklärungen der seltenen Kontakte zu deutschen Studierenden (Budke 2003: 211) 42
Abbildung 4: Erklärungen der häufigen Kontakte zu deutschen Studierenden (Budke 2003: 221) 43
Abbildung 5: Von der Grobstruktur zur Feinanalyse (Deppermann/Lucius-Hoene 2004: 317) 53

Tabellenverzeichnis

Tabelle 1: Regeln für Freundschaft (in Anlehnung an Argyle/Henderson 1986: 121) 9
Tabelle 2: Zerbrechen von Freundschaften (in Anlehnung an Argyle/Henderson 1986: 122) 28
Tabelle 3: Einflussfaktoren interkultureller Freundschaft (eigene Darstellung in Anlehnung an Gareis 1995: 49) 31
Tabelle 4: Bekanntenkreis von ERASMUS-Studierenden (in Anlehnung an Conacher 2008: 11) 40
Tabelle 5: Segmenttypen 56

1 Einleitung

Freundschaft ist eine positive gefühlsmäßige Beziehung, die auf den Prinzipien von Freiwilligkeit und Gegenseitigkeit aufbaut (vgl. Auhagen/von Salisch 1993: 217; Nötzoldt-Linden 1994: 29–30). Auch wenn Freundschaft individuell unterschiedlich empfunden wird (vgl. Schipper 2012: 95), so ist das persönliche Verständnis des Freundschaftsbegriffs auch durch äußere Einflüsse wie Zeitgeist und gesellschaftliche Normen beeinflusst. Im deutschen Kulturkreis wird Freundschaft heutzutage als eine zwischenmenschliche Verbindung verstanden, die sich durch gegenseitigen Respekt, Zuneigung und Hilfsbereitschaft auszeichnet (vgl. Ceballos 2009: 3; Vaccarino/Dresler-Hawke 2011: 180–181; Argyle/Henderson 1986: 121). Notwendige Charakterzüge und soziale Umgangsformen umfassen dabei u. a. Vertrauen und Offenheit (vgl. Ceballos 2009: 3; Argyle/Henderson 1986: 121). So sind Freunde neben Verwandten häufig die wichtigsten Begleiter und Helfer in vielen Lebenslagen (vgl. Nötzoldt-Linden: 24–25; Ceballos: 3).

In anderen Zeitaltern oder anderen Kulturen galten oder gelten zumeist abweichende Auffassungen über die speziellen Eigenschaften einer Freundschaft (vgl. Schmidt-Mappes 2001: 15–16; Tenorth 2007: 263). So können auch die freundschaftlichen Beziehungen zwischen Menschen aus unterschiedlichen Kulturkreisen ihre eigenen Besonderheiten und Regeln haben. Dies trifft sowohl für das Kennenlernen und die Entwicklung einer Freundschaft zu als auch für die Erhaltung und ggf. Beendigung der Beziehung.

1.1 Motivation und Ziel der Studie

Das ERASMUS-Programm als wichtigstes Bildungsprojekt der EU ist ein Austauschprogramm für europäische Studierende, die für eine Dauer von drei bis zwölf Monaten an einer europäischen Partneruniversität studieren möchten (vgl. de Federico de la Rúa 2008: 89). Es hat unter anderem zum Ziel, junge Menschen aus unterschiedlichen Kulturen und Sprachräumen im Studium zusammenzuführen, um die studentische Mobilität in Europa zu verstärken und das Gemeinschaftsgefühl der Europäer herauszubilden (vgl. Budke 2003: 31–32). Das ERASMUS-Programm bildet somit den passenden Rahmen, um die Entwicklung von interkulturellen Freundschaften zu begünstigen. Solche Freundschaften entwickeln sich unter den ganz besonderen Bedingungen des Auslandsaufenthalts und können nach der Rückkehr ins Heimatland nur unter diesen ganz speziellen Umständen der räumlichen Trennung fortgeführt werden.

Vor diesem Hintergrund stellt sich die Frage, ob die durch das ERASMUS-Programm vorgegebenen Ziele hinsichtlich der Vermittlung von dauerhaften interkulturellen Freundschaften tatsächlich erreicht werden bzw. welche Umstände ggf. für ein Scheitern dieser Absicht verantwortlich sind. Indem bestehende Probleme erkannt und die richtigen Schlussfolgerungen gezogen werden, kann der Handlungsspielraum für mögliche Verbesserungen aufgezeigt werden.

Für diese Untersuchung ergibt sich daraus folgende allgemein gehaltene Formulierung der Forschungsfrage:

Wie entstehen interkulturelle Freundschaften im ERASMUS-Austausch und wie entwickeln sie sich nach Beendigung des Auslandsaufenthalts weiter?

Aufbauend darauf stellen sich speziellere Fragen:

1. Welche Umstände sind förderlich für die Bildung und die Erhaltung interkultureller Freundschaften im Rahmen des ERASMUS-Programms?

2. Welche Umstände können die Bildung und Erhaltung interkultureller Freundschaften im Rahmen des ERASMUS-Programms behindern?

Anhand narrativer Interviews mit fünf ehemaligen deutschen ERASMUS-Studierenden sollen die Besonderheiten der Freundschaft untersucht und nach einer Methode von Lucius-Hoene und Deppermann (2004) analysiert werden. Schwerpunkte sind dabei der erste Kontakt, gemeinsame Erlebnisse, die Kommunikation untereinander, Gemeinsamkeiten und Unterschiede sowie die Entwicklung der Freundschaft und die Gründe, die dazu geführt haben. Ferner geht es auch um die Frage, wie ehemalige deutsche ERASMUS-Studierende den interkulturellen Freundschaftsbegriff definieren.

1.2 Aufbau der Studie

Im Folgenden werden die einzelnen Kapitel vorgestellt, um einen Überblick über die in dieser Untersuchung behandelten Themen und Aspekte zu geben.

Zu Beginn der Studie wird der Freundschaftsbegriff allgemein diskutiert (Kapitel 2.1) und im Kontext der in diesem Buch zugrunde liegenden empirischen Untersuchung definiert und eingegrenzt. Dabei wird insbesondere auf Veränderungen eingegangen, die der Freundschaftsbegriff im Laufe der Geschichte erfahren hat (Kapitel 2.1.1). Daneben gibt es ethnologisch bzw. kulturell bedingte Unterschiede im Freundschaftsverständnis, die im Kapitel 2.1.2 behandelt werden. Unter dem Einfluss des technologischen Fortschritts sind in den letzten Jahrzehnten neue Wege der Kommunikation entstanden, deren Bedeutung für die Entstehung und Erhaltung von Freundschaften in Kapitel 2.1.3 diskutiert werden. Gegebenenfalls sind bei der Ausgestaltung von Freundschaftsbeziehungen spezielle geschlechts- oder altersabhängige Besonderheiten zu berücksichtigen, die in Kapitel 2.1.4 erörtert werden. Freundschaft lässt sich als ein spezielles Merkmal der Persönlichkeit begreifen. Der zugrundeliegende Zusammenhang mit dem Begriff der Identität wird in Kapitel 2.1.5 behandelt.

In Kapitel 2.2 erfolgt eine Auseinandersetzung mit dem Entwicklungsprozess, dem Freundschaften allgemein unterliegen, mit besonderer Berücksichtigung der Phasen Entstehung (Kapitel 2.2.1), Pflege und Erhaltung (Kapitel 2.2.2) sowie ggf. Beendigung (Kapitel 2.2.3) von Freundschaften. Aufbauend darauf schließt sich eine Spezialisierung auf den Begriff der interkulturellen Freundschaft (Kapitel 2.3) an. Dabei wird auf die Besonderheiten beim Entstehen solcher Freundschaften (Kapitel 2.3.1) eingegangen. Kapitel 2.3.2 widmet sich den möglichen Hindernissen bei der Entstehung interkultureller Freundschaftsbeziehungen und Kapitel 2.3.3 behandelt speziell den besonderen Nutzen von kulturübergreifenden Freundschaften.

Kapitel 2.4 befasst sich mit Auslandsaufenthalten im Rahmen internationaler Austauschprogramme für Studierende unter besonderer Berücksichtigung des ERASMUS-Projektes (Kapitel 2.4.1). In Kapitel 2.4.2 wird dargelegt, welche Art von Kontakten im Rahmen von Austauschprogrammen entstehen kann.

Kernpunkt dieser Studie ist die empirische Untersuchung (Kapitel 3), die als Erhebungsinstrument das Werkzeug des narrativen Interviews verwendet. Dieses wird in Kapitel 3.1 vorgestellt und die Auswahl der Probanden in Kapitel 3.2 begründet. Im Anschluss daran werden die Durchführung der Interviews (Kapitel 3.3) und die Transkription der Texte (Kapitel 3.4). beschrieben sowie die Einzelheiten der Auswertungsmethode dargestellt (Kapitel 3.5).

Der praktische Teil dieser Studie wird abgeschlossen mit der Präsentation und Interpretation der Ergebnisse (Kapitel 4). Dazu werden zunächst die Interviewpartner kurz vorgestellt und deren persönliche *Positionierung zum Freundschaftsbegriff* (Kapitel 4.1) erfragt. Sodann werden die sich aus der Analyse der Interviews ergebenden allgemeinen

Erkenntnisse und Erfahrungen in Form von prägnanten Aussagen präsentiert, inhaltlich erläutert und ggf. kommentiert. Diese Aussagen werden gemäß der in der Grobstrukturierung vorgenommenen Untergliederung den Entwicklungsphasen *Kennenlernen und Kontaktaufnahme* (Kapitel 4.2), *Freundschaftsbildung* (Kapitel 4.3) und *Freundschaftserhaltung bzw. -beendigung* (Kapitel 4.4) zugeordnet. Nach einer resümierenden Kommentierung der Analyseergebnisse (Kapitel 4.5) wird die Studie mit dem Fazit und einem Ausblick abgeschlossen (Kapitel 5).

2 Theoretische Grundlagen

Nachfolgend soll auf die theoretischen Grundlagen eingegangen werden, die für die Beantwortung der Forschungsfrage relevant sind. Zuerst wird der Freundschaftsbegriff allgemein diskutiert (Kapitel 2.1) und im Kontext der in dieser Studie zugrunde liegenden empirischen Untersuchung definiert und eingegrenzt. Anschließend folgt eine Diskussion zur Entwicklung von Freundschaften (Kapitel 2.2). Aufbauend darauf schließt sich eine Auseinandersetzung mit dem Begriff der interkulturellen Freundschaft (Kapitel 2.3) sowie dem Auslandsaufenthalt im Rahmen von Austauschprogrammen für Studierende (Kapitel 2.4) an, um zu verstehen welche Besonderheiten es bei der Bildung und Pflege interkultureller Freundschaften im ERASMUS-Aufenthalt gibt.

2.1 Der Freundschaftsbegriff

Der Begriff *Freundschaft* ist generell nicht klar und eindeutig definiert, sondern wird individuell empfunden, persönlich ausgestaltet und den eigenen Vorstellungen entsprechend gelebt. Dennoch wird dieses persönliche Verständnis des Freundschaftsbegriffs auch durch äußere Umstände beeinflusst, die vom Zeitgeist und von den jeweils geltenden gesellschaftlichen Normen geprägt sind. Folglich hat das Freundschaftsverständnis sowohl eine historische als auch eine geographische Variabilität: Andere Zeiten oder andere Länder bringen auch andere Vorstellungen von Freundschaft hervor. Im Folgenden werden die genannten Aspekte des Freundschaftsbegriffs im Einzelnen diskutiert. In Kapitel 2.1.1 wird die geschichtliche Entwicklung des Freundschaftsbegriffs behandelt. Im Anschluss daran werden kulturspezifische Differenzen (Kapitel 2.1.2), der Einfluss der *neuen Medien*[1] (Kapitel 2.1.3) und geschlechts- und altersspezifische Unterschiede (Kapitel 2.1.4) aufgezeigt sowie der Zusammenhang zwischen Freundschaft und Identität (Kapitel 2.1.5) dargelegt.

Wie bereits erwähnt, können Freundschaften interindividuell sehr unterschiedlich interpretiert werden, da der Begriff mehrdeutig ist (vgl. Schipper 2012: 95). Auhagen und von Salisch (1993) sprechen auch vom „Paradox der Freundschaft [...] Eines der wichtigsten Merkmale dieser Beziehung ist, daß [sic] sie so wenige eindeutige inhaltliche Vorgaben an ihre Beteiligten macht" (Auhagen/von Salisch 1993: 216). Sowohl Schip-

---

[1] Zu den *neuen Medien* zählen u. a. E-Mail, DVD und das WWW, da sie digitale Daten senden oder darauf zugreifen; daneben gehören auch Internet-Dienste dazu (vgl. dtp-neuemedien 2013)

per (2012) als auch Auhagen und von Salisch (1993) verdeutlichen also die Schwierigkeit, den Freundschaftsbegriff inhaltlich für jede Person einheitlich zu konstruieren. Die individuelle Wahrnehmung von Freundschaft kann somit als uneinheitlich beschrieben werden.

Des Weiteren definieren Auhagen und von Salisch (1993) den Freundschaftsbegriff wie folgt:

> *„Freundschaft ist eine dyadische, persönliche, informelle Sozialbeziehung. Die beiden daran beteiligten Menschen werden als Freundinnen oder Freunde bezeichnet. Die Existenz der Freundschaft beruht auf Gegenseitigkeit. Die Freundschaft besitzt für jede(n) der Freundinnen/Freunde einen Wert, welcher unterschiedlich starkes Gewicht haben und aus verschiedenen inhaltlichen Elementen zusammengesetzt sein kann. Freundschaft wird zudem durch folgende weitere essentielle Kriterien charakterisiert:*
> - *Freiwilligkeit – bezüglich der Wahl, der Gestaltung und des Fortbestandes der Beziehung;*
> - *zeitliche Ausdehnung – Freundschaft beinhaltet einen Vergangenheits- und einen Zukunftsaspekt;*
> - *positiver Charakter – unabdingbarer Bestandteil von Freundschaft ist das subjektive Erleben des Positiven;*
> - *keine offene Sexualität."* (Auhagen/von Salisch 1993: 217)

In dem oben angeführten Zitat sprechen Auhagen und von Salisch (1993) von einer „dyadischen Sozialbeziehung"[2]. Diese Definition schließt generell nicht aus, dass es auch Freundschaften zwischen mehreren Personen (also eine *Gruppenfreundschaft*) gibt. Es handelt sich dann eben um eine Summe einzelner Zweierbeziehungen zwischen den Mitgliedern der Freundschaftsgruppe. Des Weiteren wird in der Definition von Auhagen und von Salisch (1993) die Tatsache, dass Freundschaften – neben einem Vergangenheits- und einem Zukunftsaspekt – auch einen Gegenwartsaspekt besitzen, umgangen. Diesen Gegenwartsaspekt betont Nötzoldt-Linden (1994), indem sie von

---

[2] Bei einer Dyade handelt es sich um eine Zweierbeziehung, die besonders intensiv und emotional ist (vgl. Lexikon für Psychologie und Pädagogik 2013).

Freundschaftsbeziehungen ohne Zwang spricht, die spontan geschehen und dauerhaft erneuerungsbedürftig seien. Es könne sich ein spezielles Vertrauensverhältnis zwischen Gleichgesinnten bilden, da man sich über einen längeren Zeitraum voll und ganz am anderen orientiere (vgl. Nötzoldt-Linden 1994: 61). Die Autorin spricht auch von einer erotischen Komponente, die in jeder Freundschaft vorhanden ist in der Form, „daß [sic] man sich zum Beispiel gerne anschaut, sich gefällt, sich ‚riechen' kann und gerne berührt" (ebd.: 30). Dieser gefühlsmäßige Aspekt wird umgangssprachlich meist mit dem Begriff *Sympathie* umschrieben.

Nötzoldt-Linden (1994) schränkt den Freundschaftsbegriff sehr eng ein, indem sie ihn wie folgt beschreibt: „Freundschaft ist eine auf freiwilliger Gegenseitigkeit basierende dyadische, persönliche Beziehung zwischen nicht verwandten, gleichgeschlechtlichen Erwachsenen in einer Zeitspanne" (ebd.: 29). Diese Definition betont einerseits nochmals die zeitliche Begrenzung wie sie letztendlich durch den Beginn der freundschaftlichen Bindung und deren Beendigung spätestens durch die begrenzte Lebenszeit gegeben ist. Ihre Einschränkung auf Nichtverwandte und Gleichgeschlechtliche ist jedoch zumindest diskussionswürdig. Ihr wird im Rahmen dieser Untersuchung insbesondere hinsichtlich der Gleichgeschlechtlichkeit nicht gefolgt. Auch die weitere Einschränkung auf lediglich erwachsene Personen scheint angreifbar; sie spielt jedoch hier im Rahmen dieser Untersuchung keine Rolle, da alle betroffenen Studierenden implizit erwachsen sind.

An anderer Stelle schreibt Nötzoldt-Linden (1994) aber auch, dass Freunde eine ähnliche Funktion wie die Familie im Leben eines Menschen übernehmen würden. Freunde böten – ähnlich wie die Familie – seelisch-moralischen Beistand sowie Unterstützung und Schutz vor der Einsamkeit. Daneben tauschen sie sich persönlich aus und seien einander zugeneigt (vgl. ebd.: 24–25). Die Unterscheidung von Verwandten und Nichtverwandten in obiger Definition erfolgt vermutlich mit dem Argument, dass Verwandte schon alle Funktionen einer Freundschaft innehaben und deshalb als eigenständige Kategorie in Konkurrenz zu Freunden stehen. Andererseits ist zu hinterfragen, ob denn jeder Verwandte nun auch die genannten Funktionen erfüllt, also ein befreundeter Verwandter ist, oder ob es nicht auch zahlreiche *verfeindete* Verwandte gibt. Die Verwandtschaft ist angeboren (oder angeheiratet), aber wahre Freundschaft innerhalb der Familie will auch erst erarbeitet werden.

Auhagen und von Salisch (1993) merken an, dass eine Freundschaft fast dieselben Aufgaben wie Beziehungen zwischen Familienmitgliedern, Nachbarn oder Kollegen habe (vgl. Auhagen/von Salisch 1993: 226–227). Auch Ceballos (2009) spricht davon, dass freundschaftliche Beziehungen neben Liebes- und Familienbeziehungen die stärksten sozialen Bindungen seien. Sie würden sich auf Freiwilligkeit, Respekt und Vertrauen stützen und wären scheinbar ein menschliches Grundbedürfnis (vgl. Ceballos 2009: 3). Es ergibt sich häufig, dass Menschen ihre neuen Freunde auch in den Kreis der eigenen Familie einführen, was für ERASMUS-Freundschaften bedeutet, dass der Gaststudent ggf. auch die Familie seines Betreuers oder neuen Freundes zumindest kennenlernt. Dies hat zumeist auch einen vertiefenden Effekt auf die Freundschaftsbeziehung.

Bezug nehmend auf o.a. Aussage, dass Freundschaft nur zwischen gleichgeschlechtlichen Erwachsenen möglich sei (vgl. Nötzoldt-Linden 1994: 29), ist gegenzuhalten, dass gleichgeschlechtliche Freundschaften zwar die Regel sind, es aber grundsätzlich kein Argument gibt, warum sich nicht auch zwischen gegengeschlechtlichen Personen freundschaftliche Bindungen ergeben können, sofern das Thema *Sexualität* beiderseitig mit Sicherheit ausgeklammert werden kann. Lenz (2007) stützt die Ansicht, dass eine Freundschaft auch zwischen Männern und Frauen möglich sei. Allerdings würde es mehr Freundschaften unter gleichgeschlechtlichen als unter ungleichgeschlechtlichen Personen geben (vgl. Lenz 2007: 210). Geschlechtsspezifische Unterschiede in Freundschaften werden in Kapitel 2.1.4 dieser Studie noch einmal aufgegriffen.

Auf die besonderen kulturspezifischen Differenzen, die bei interkulturellen Freundschaften meist eine gestaltende Rolle spielen, geht Tenorth (2007) ein. Er beschreibt Freundschaft als „eine wechselseitig [...] positiv wahrgenommene zwischenmenschliche Beziehung, die von Sympathie, emotionaler Nähe und Vertrauen geprägt ist, wobei die Bedeutung dieser Merkmale kulturabhängig ist" (Tenorth 2007: 263). So kann es in unterschiedlichen Kulturen unterschiedliche Auffassungen dieser Merkmale geben. In einem späteren Teil dieser Studie wird sich mit kulturspezifischen Unterschieden bei Freundschaften befasst (Kapitel 2.1.2).

Freundschaftliche Bindungen sind lebendig; auch in unterschiedlichen Stadien, wie zum Beispiel ihrem Entstehen oder ihrer Beendigung, sind sie ständig veränderbar (vgl. Auhagen 1991: 10). Ändern sich die Lebensumstände, ändert sich auch oft die Beziehung zueinander (vgl. Schmidt-Mappes 2001: 5). Dies lässt sich auch auf interkulturelle Freundschaften übertragen, da sich nach Abschluss des Auslandsaufenthalts die Lebensumstände im Vergleich zu den Verhältnissen im freundschaftsbildenden ERASMUS-Semester drastisch ändern. Die in dieser Studie vorgenommene empirische Untersuchung (Kapitel 3) soll u. a. zeigen, wie sich diese Freundschaften zwischen Angehörigen unterschiedlicher Kulturen nach dem Auslandssemester weiter entwickeln.

Valtin und Fatke (1997) unterteilen die Funktionen der Freundschaft in drei Kategorien: „(1) Geselligkeit und Austausch, (2) Beistand und Unterstützung, (3) Selbstverwirklichung" (Valtin/Fatke 1997: 45–46). Auhagen und von Salisch (1993) postulieren, dass es das Ziel einer Freundschaft sei, ein positives interpersonelles Beisammensein ins Leben zu rufen und aufrecht zu erhalten (vgl. Auhagen/von Salisch 1993: 228). Argyle und Henderson (1986) haben den Versuch unternommen, die wichtigsten Regeln für Freundschaft in einer Aufzählung zusammenzustellen:

1.	Freiwillig Hilfe anbieten, wenn sie benötigt wird
2.	Die Privatsphäre des Freundes/der Freundin respektieren
3.	Geheimnisse wahren
4.	Einander vertrauen, sich aufeinander verlassen
5.	Sich für den anderen in dessen Abwesenheit einsetzen
6.	Einander nicht öffentlich kritisieren
7.	Emotionalen Rückhalt gewähren
8.	Während der Unterhaltung dem anderen in die Augen sehen
9.	Sich beim Zusammensein bemühen, dass der andere glücklich ist
10.	Keine Eifersucht auf oder Kritik an den Beziehungen des anderen
11.	Tolerant gegenüber den Freunden des anderen sein
12.	Einander Erfolgsneuigkeiten mitteilen
13.	In persönlichen Dingen um Rat fragen
14.	Nicht nörgeln
15.	Mit dem Freund/der Freundin scherzen und frotzeln
16.	Versuchen, Schulden zurückzuzahlen und sich für Gefälligkeiten und Komplimente erkenntlich zu zeigen
17.	Dem Freund/der Freundin persönliche Gefühle offenbaren

Tabelle 1: Regeln für Freundschaft (in Anlehnung an Argyle/Henderson 1986: 121)

Obwohl alle der genannten Regeln inhaltlich wohl richtig sind, kann festgestellt werden, dass es sich bei dieser Aufstellung wohl eher um eine Ideensammlung zum Verhalten gegenüber dem Partner und zur Gestaltung des freundschaftlichen Zusammenseins handelt. Manche dieser Anregungen sind sehr speziell auf die Situation zugeschnitten, während andere wiederum sehr allgemein gehalten sind und den Charakter von gängigen Anstands- und Verhaltensregeln haben, wie sie auch gegenüber anderen Menschen, also auch Nichtfreunden, beachtet werden sollten. Leider weist die Aufzählung auch einen unübersehbaren Mangel an Vollständigkeit auf. So könnte man z.B. die Liste ergänzen um Punkte wie:

- Zeit füreinander haben, dem Freund Priorität geben;
- geduldig zuhören und dem anderen die Gelegenheit geben, sich zu äußern;
- einander auch Misserfolge mitteilen, Hilfe anfordern, Probleme und Leid teilen;
- Trost suchen und spenden.

Darüber hinaus ist in o.a. Tabelle 1 von Argyle und Henderson (1986) keine Systematik der Anordnung oder Logik der Reihenfolge erkennbar.

Allan (1989) betont, dass die meisten Menschen nur einen oder zwei *wahre* Freunde („,real' or ‚true' friends") hätten und dass die Mehrheit sogenannter Freundschaften nicht zu dieser Kategorie gehöre. *Wahre* Freundschaft müsse nicht bedeuten sich regelmäßig zu sehen; sie funktioniere auch auf Distanz (vgl. Allan 1989: 14). Aufgrund persönlicher Erfahrungen der Autorin ist davon auszugehen, dass interkulturelle Freundschaften (Kapitel 2.3), die während eines ERASMUS-Aufenthalts entstanden sind, häufig nur noch über eine größere räumliche Distanz stattfinden. So wird eine im ERASMUS-Semester geschlossene Freundschaft zwischen eigentlich weit auseinander lebenden Personen nach dem Auslandsaufenthalt häufig primär über E-Mail oder soziale Online-Netzwerke[3] wie z.B. *Facebook*[4] gepflegt. Unter Bezugnahme auf die Argumentation Allans (1989) bedeutet dies aber zugleich, dass solche Freundschaften trotz der angesprochenen großen Distanz prinzipiell sehr tiefgründig sein können, auch wenn der Faktor *Nähe* grundsätzlich eine große Rolle bei der Entstehung und Pflege von Freundschaften spielt. Zudem wird über die modernen elektronischen Medien dabei quasi eine virtuelle Nähe hergestellt. Die besondere Bedeutung des Faktors *Nähe* wird im späteren Verlauf dieser Studie noch weiterführend diskutiert (Kapitel 2.2.1).

---

[3] Ein soziales Online-Netzwerk ist ein „Portal im Internet, das Kontakte zwischen Menschen vermittelt und die Pflege von persönlichen Beziehungen über ein entsprechendes Netzwerk ermöglicht" (Bibliographisches Institut GmbH 2012).
[4] http://www.facebook.de

Nötzoldt-Linden (1994) ist der Ansicht, dass dem Freundschaftsbegriff ein hoher Symbolwert zugeschrieben werde. So können positive Assoziationen hervorgerufen werden, indem eine Person oder eine Gruppe von Menschen als Freunde benannt werden, ohne jedoch über diese Bezeichnung nachzudenken. Oft entspreche diese Assoziation nicht der wirklichen Qualität der Beziehung (vgl. Nötzoldt-Linden 1994: 29). Auch Vaccarino und Dresler-Hawke (2011) weisen darauf hin, dass unterschiedliche Personen unterschiedliche Auffassungen vom Freundschaftsbegriff hätten. So könne für den einen ein Freund jemand sein, mit dem man sich gelegentlich austausche, während es für jemand anderen bedeute, unterschiedliche Freizeitaktivitäten gemeinsam auszuführen. Und für andere wiederum sei ein Freund jemand, mit dem man über seine Probleme sprechen könne (vgl. Vaccarino/Dresler-Hawke 2011: 178). Es ist ebenfalls möglich, dass für den einen die Beziehung zur anderen Person eine reine Arbeitsbeziehung darstellt und für den anderen bereits eine Freundschaft (vgl. Heidbrink et al. 2009: 23). Der Begriff *Freund* bzw. *Freundin* ist darüber hinaus kontextabhängig und bezieht sich entweder auf eine Freundschafts- oder eine Liebesbeziehung (vgl. ebd.: 24). So ist immer nur aus dem Zusammenhang erkennbar, ob jemand von seinem Freund als Liebespartner oder als Freundschaftspartner spricht. Auch die englische Notation *friend* ist nicht eindeutig definiert; es kann damit zum einen ein Bekannter gemeint sein und zum anderen eine freundschaftliche Beziehung (vgl. Wanhoff 2012: 64). Der Ausdruck *boyfriend* hingegen ist unmissverständlich belegt und bezeichnet eine partnerschaftliche heterosexuelle bzw. homosexuelle Beziehung.

Auch bei *Facebook* kann die Bezeichnung der Kontakte zu Missverständnissen führen, denn das soziale Online-Netzwerk weicht den Freundschaftsbegriff in seiner Verwendung doch sehr auf, indem die sogenannten *Freunde* zu einem Oberbegriff für Freunde, Bekannte, Klassenkameraden, Kommilitonen, Arbeitskollegen und Verwandte werden (vgl. Brunner 2011: 22). In Kapitel 2.1.3 wird auf die besondere Bedeutung des sozialen Online-Netzwerks im Hinblick auf die Aufrechterhaltung von Freundschaften eingegangen.

Vaccarino und Dresler-Hawke (2011) führten eine Fragebogen-Untersuchung zu Freundschaften durch. Die 161 internationalen und nationalen befragten Studierenden in einem Kurs in Neuseeland assoziierten mit dem Freundschaftsbegriff Folgendes:

- Vertrauen und Respekt;
- Offenheit;

- Komfort und Leichtigkeit der Kommunikation;

- Unterstützung;

- Fürsorge und Zuneigung;

- gemeinsam Zeit verbringen und Spaß haben (vgl. Vaccarino/Dresler-Hawke 2011: 180–181).

Im Hinblick auf die vorgesehene Untersuchung wird im Rahmen dieser Untersuchung der Begriff *Freundschaft* wie folgt verstanden:

Freundschaft ist eine positive zwischenmenschliche Beziehung von mindestens zwei Personen, unabhängig von deren Geschlecht und Alter – ohne sexuelle Anziehung. Die Beziehung ist freiwillig, lebendig, dauerhaft erneuerungsbedürftig und beruht auf Ehrlichkeit, Respekt und gegenseitigem Vertrauen. Zudem spielen Toleranz, Offenheit und gegenseitige Rücksichtnahme eine wichtige Rolle. Freundschaften können sowohl unter Familienmitgliedern als auch unter Nicht-Verwandten entstehen.

Weitere Einschränkungen ergeben sich implizit aus der zu behandelnden Fragestellung. So handelt es sich bei den ERASMUS-Teilnehmern (und dadurch möglichen Freunden) um erwachsene Personen, die in der Regel nicht miteinander verwandt sind und sich auch vorher nicht kannten.

2.1.1 Geschichtliche Entwicklung des Freundschaftsbegriffs

Zu früheren Zeiten war Kommunikation nur von Angesicht zu Angesicht möglich und die Entfernung oft unüberbrückbar. Die Freunde kamen folglich überwiegend aus demselben Ort oder aus der Nähe. Heute existiert dagegen eine hohe Mobilität weltweit, die Entfernungen schrumpfen und sind kein wesentliches Hindernis mehr, um Kontakte aufnehmen und pflegen zu können. Die Folge ist, dass viele Menschen eine große Anzahl von Bekannten haben, die oft bedenkenlos als *Freunde* bezeichnet werden.

Im Folgenden wird der Freundschaftsbegriff im zeitlichen Kontext betrachtet, um die Herkunft des Terminus und seine historische Entwicklung zu erläutern. Die Entstehung des Wortes *Freundschaft* wird mit Verwandtschaft, Kameradschaft, Liebe und Freiheit in Verbindung gebracht (vgl. Nötzoldt-Linden 1994: 27).

Nach Schmidt-Mappes (2001) hat sich der Freundschaftsbegriff in verschiedenen Zeitabschnitten verändert. So habe sich seine Gestalt von einer „institutionalisierten Beziehung zu einer freiwilligen, individualisierten" Beziehungsform entwickelt (Schmidt-

Mappes 2001: 15). Zudem sei der Inhalt des Freundschaftsbegriffs nun eher „expressiv" als „instrumentell" und im Laufe der Zeit habe sich die „soziale Funktionalität" gegenüber der personenbezogenen durchgesetzt (ebd.: 15–16).

Schmidt-Mappes (2001) legt dar, dass Freundschaft in der Antike eine politische Verbindung und keine freiwillige Angelegenheit gewesen sei; man habe sich vielmehr verpflichtet, sich gegenseitig zu unterstützen. Diese Unterstützung sei sogar soweit gegangen, dass man das eigene Leben für den anderen geopfert hätte. Zudem sei diesen „Kriegerfreundschaften" ein höherer Stellenwert zugesprochen worden als der eigenen Familie (ebd.: 16). Daneben existierten die sogenannten *Hetairia*, politische Freundesbünde, die zwischen institutionalisierter und individueller Freundschaft standen. Im Klassizismus entstand daraus mit dem Fall der Stadtstaaten im antiken Griechenland eine freiere Freundschaftsauffassung; es wurde über die Besonderheiten von Freundschaft diskutiert und philosophiert (vgl. ebd.: 16–17).

Wolf (2007) merkt an, dass die ersten Erklärungen der Arten und Strukturen von Freundschaftsbeziehungen auf Platons Schüler Aristoteles zurückgehen. Das griechische Wort *philia* (zu deutsch: *Freundschaft*) werde für einen breiteren Rahmen verwendet als der deutsche Begriff *Freundschaft*. Relationen zwischen Eheleuten und zwischen Eltern und Kindern gehören beispielsweise auch dazu (vgl. Wolf 2007: 213). Für Aristoteles bezeichnet der Begriff *philia* jede Art menschlicher Beziehungen, in der die Betroffenen sich gegenseitig Gutes wünschen (vgl. ebd.: 215).

Nach Wanhoff (2011) waren für den Philosophen Aristoteles Freundschaften die Grundlage des Staates, denn nur derjenige, dem die Gunst des Staates zu Teil wurde, konnte etwas erreichen. Diese Gunst wiederum war eng verbunden mit Freundschaft. Es gab Freundschaften zwischen gleichrangigen Bürgern, die sich in Nutzen, Lust und Tugend aufteilten. Von diesen drei Arten der Freundschaft konnte jedoch nur die Tugendfreundschaft für immer halten. Neben Freundschaften unter Gleichen gab es auch Freundschaften unter Ungleichen wie z.B. von Bürger zu Staat, bei denen es um Respekt und Ehre ging und die nicht frei auserwählt waren (vgl. Wanhoff 2011: 96–97).

Auch Doyle und Smith (2002) verweisen auf Aristoteles drei Arten von Freundschaft: Freundschaft basierend auf Nutzen, Freundschaft basierend auf Spaß und perfekte Freundschaft basierend auf Gutherzigkeit. Freundschaft, die auf Nutzen basiere, finde sich hauptsächlich unter Älteren und Menschen mittleren Alters. Wenn der Grund der Freundschaft wegfalle, gehe auch die Freundschaft zu Ende. Es werde wenig Zeit miteinander verbracht, da man sich untereinander manchmal gar nicht leiden könne. Freundschaft basierend auf Spaß finde sich hauptsächlich unter jungen Leuten. Da sich Interessen schnell änderten, sei diese Art von Freundschaft eher kurzlebig. Nur die Freundschaft, die auf Gutherzigkeit beruhe, sei perfekt. In dieser Freundschaft wünsche man sich gegenseitig Gutes und liebe den anderen so wie er ist. Die perfekte Freundschaft sei allerdings selten (vgl. Doyle/Smith 2002: 2–3).

Das Freundschaftsverständnis der Antike war also durch wichtige Philosophen und Staatsmänner geprägt (vgl. Ceballos 2009: 11).

Durch den starken Einfluss der Kirche änderte sich im Mittelalter der Freundschaftsbegriff, welcher besonders durch Mystik, Glaube und Aberglaube beeinflusst wurde (vgl. Ceballos 2009: 14–15). Das in der Antike entstandene individualisierte Freundschaftsbild sagte den Menschen im Mittelalter nicht mehr zu; mittelalterliche Freundschaften waren z.B. „Verhältnisse zwischen Lehnsherr und Vasall oder Ritterfreundschaften" (Schmidt-Mappes 2001: 18).

> *„Im Zusammenhang mit dem aufstrebenden Christentum kam es jedoch erneut zu philosophischen Überlegungen über Freundschaft, wobei die Frage nach ‚wahrer' Freundschaft bis in die Neuzeit hinein aktuell blieb."* (ebd.: 18)

Im Verlaufe der Renaissance war der Mensch zentral und seine Freiheit und Selbstständigkeit standen im Vordergrund (vgl. Nötzoldt-Linden 1994: 43–44). Michel de Montaigne spricht von Freundschaft als einer "Verschmelzung der Willen", bei der gegenseitige Gefälligkeiten zur Selbstverständlichkeit werden (Derrida/de Montaigne 2001: 23). Da die Willen der beiden Freunde voll und ganz miteinander übereinstimmen und zueinander gehören, sei es nicht möglich, voneinander zu nehmen oder einander zu geben (vgl. ebd.: 23–24). Für de Montaigne ist *wahre Freundschaft* demnach eine Verschmelzung zweier Seelen, die vollkommen miteinander verbunden sind (vgl. ebd.: 74–75). In dieser vollendeten Freundschaft gebe es keine Verbindlichkeiten. Es würden sich von anderen anvertraute Geheimnisse an ebendiesen Freund weitergeben lassen, ohne die Pflicht zur Verschwiegenheit zu brechen, da diese beiden Freunde zu einer einzigen Person verschmolzen seien (vgl. ebd.: 82). Gegenüber dieser als *vollkommen* angesehenen Freundschaft grenzen Derrida und de Montaigne (2001) aber auch solche Beziehungen ab, die aus egoistischen Gründen geschlossen werden und deshalb von ihnen als falsche („weniger wahre") Freundschaften eingestuft werden:

> *„All jene menschlichen Beziehungen nämlich, die aus geschlechtlichem Bedürfnis oder Gewinnstreben, aus öffentlicher oder persönlicher Notwendigkeit entstehn [sic] und gepflegt werden, sind um so weniger schön und edel und daher um so weniger wahre Freundschaften, als sie hier andere Gründe, Zwecke und Erwartungen beimischen."* (Derrida/de Montaigne 2001: 65–66)

Kurz vor Beginn der Romantik „entstand ein regelrechter Freundschaftskult" (Schmidt-Mappes: 19–20). Die Menschen lösten sich von Staat und Kirche und konzentrierten sich vermehrt darauf, ihre Gefühle mit anderen zu teilen (vgl. ebd.: 20). So erläutert Steinhausen (1968):

> *„Das achtzehnte Jahrhundert war das goldene Zeitalter der Freundschaft und darum war es das goldene Zeitalter des Briefes. [...] Die Freundschaftssucht mußte [sic] notwendig eine Briefsucht hervorbringen."* (Steinhausen 1968: 307–308)

Das Verständnis von Freundschaft war in dieser Zeit sehr tiefgehend in Bezug auf gegenseitige Hilfe und Opferbereitschaft. Es reichte bis hin zum Einsatz des eigenen Lebens, wie es z. B. im Gedicht „Die Bürgschaft" von Friedrich von Schiller (1798) thematisiert wurde: „Ich lasse den Freund dir als Bürgen – Ihn magst du, entrinn'ich, erwürgen."

Zum Ende des 19. Jahrhunderts gab es eine erneute Veränderung des Freundschaftsbegriffs. „Mit zunehmender Industrialisierung und Bürokratisierung sowie dem Aufkommen von Massenkommunikation gerieten die Menschen immer mehr in Abhängigkeit von unpersönlichen Organisationsstrukturen" (Schmidt-Mappes 2001: 21). Mit der individuellen Selbstbestimmung des eigenen Lebens ergab sich jedoch auch eine freie Wahl der Freundschaftsgestaltung (vgl. Ceballos 2009: 16).

2.1.2 Kulturspezifische Unterschiede

Das Verständnis von Freundschaft ist nicht nur einer geschichtlichen Wandlung unterworfen, sondern unterliegt auch einer geographischen Variabilität. Dabei sind es vor allem die ethnologischen und kulturellen Unterschiede, die diesen Wandel des Freundschaftsverständnisses ausmachen.

Heringer (2007) beschreibt Kultur als eine Lebensart und als eine von den Individuen gemeinsam geschaffene Organisation, die „auf gemeinsamem Wissen" beruhe und den

Rahmen für sinnvolles Agieren bilde (Heringer 2007: 107). Für Maletzke (1996) hingegen ist Kultur ein „System von Konzepten, Überzeugungen, Einstellungen, Wertorientierungen, die sowohl im Verhalten und Handeln der Menschen als auch in ihren geistigen und materiellen Produkten sichtbar werden" (Maletzke 1996: 16).

Kultur lässt sich als eine Kombination aus Sprache, Brauchtum, Mentalität, Religion etc. auffassen und umfasst die geteilten Normen, Werte, Handlungs- und Interpretationsmuster einer Gruppe oder Gemeinschaft (vgl. Transkulturelles Portal 2013).

Lüsebrink (2008) definiert den anthropologischen Kulturbegriff als die Summe der gemeinsamen „Denk-, Wahrnehmungs- und Handlungsmuster einer Gesellschaft" (Lüsebrink 2008: 10). Hofstede und Hofstede (2011) verstehen darunter die „kollektive Programmierung des Geistes, die die Mitglieder einer Gruppe oder Kategorie von Menschen von einer anderen unterscheidet" (Hofstede/Hofstede 2011: 4). Kultur sei also „erlernt, und nicht angeboren" (ebd.: 4). Nach Hofstede und Hofstede (2011) werden vier Tiefenebenen unterschieden, auf denen sich kulturelle Unterschiede ausprägen (vgl. ebd: 8). Sie werden in einem Modell dargestellt, das dem einer Zwiebel ähnelt:

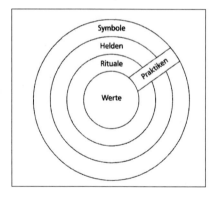

Abbildung 1: Zwiebelmodell (in Anlehnung an Hofstede/Hofstede 2011: 8)

Symbole seien dabei „die oberflächigsten und Werte die am tiefsten gehenden Manifestationen von Kultur" (ebd.: 8). Hofstede und Hofstede (2011) fassen *Symbole*, *Helden* und *Rituale* unter *Praktiken* zusammen: „Als solche sind sie für einen außen stehenden Beobachter sichtbar, aber ihre kulturelle Bedeutung ist nicht sichtbar; sie liegt genau und ausschließlich in der Art und Weise, wie diese Praktiken von Insidern interpretiert werden" (Hofstede/Hofstede 2011: 9).

Bei Studierenden, die sich im ERASMUS-Austausch befinden, können grundsätzlich in allen vier Schichten unterschiedliche Besonderheiten beobachtet werden:

1. in der *Symbol*-Ebene sind davon betroffen: Sprache, Kleidung und Frisur, Gestik und Körpersprache;
2. in der Ebene der *Helden*: Politiker, Künstler, Religionsstifter des jeweiligen Kulturkreises;
3. in der *Ritual*-Ebene: Form der Ehrerbietung und Gruß (z. B. Verbeugung, verbale Ansprache, Händedruck, Umarmung, Kuss);
4. in der *Werte*-Ebene: Ehrlichkeit, Offenheit, Vertrauen, Treue, Zuverlässigkeit, Respekt, Toleranz.

Dementsprechend haben unterschiedliche Kulturen auch mehr oder weniger unterschiedliche Wesensmerkmale. Die Lebensweisen der betroffenen Menschen differieren und werden durch die jeweilige Kultur geprägt. Laut Hofstede und Hofstede (2011) steht in individualistischen Gesellschaften das Individuum im Vordergrund; in kollektivistischen Kulturen sei es die Gruppe und vor allem die Familie, die ein großes Zusammengehörigkeitsgefühl schaffen „und dafür bedingungslose Loyalität verlangen" (ebd.: 97). Daneben betonen Hofstede und Hofstede (2011), dass in kollektivistischen Kulturen Freundschaften durch die Familie oder Gruppenzugehörigkeit bestimmt seien. Die enge Verbundenheit mit der Familie sei geprägt durch Respekt und sexuelle Enthaltsamkeit der Frauen (vgl. ebd.: 103). Da sich Austauschstudierende während ihres ERASMUS-Aufenthalts fernab von ihren Familien befinden, hat die Familie wohl eher einen geringeren Einfluss auf die Freundschaftsbildung als in ihrem Heimatland. Doch es lässt sich vermuten, dass die kollektivistische Denkweise dennoch einen nicht unerheblichen Einfluss auf die Freundschaftsbildung hat. So weist de Federico de la Rúa (2003) darauf hin, dass südländische ERASMUS-Studierende oftmals sehr eng mit anderen Studierenden aus dem Süden Europas befreundet seien, da sie sich durch die ähnlichen geselligen Charaktereigenschaften enger miteinander verbunden fühlen würden (vgl. de Federico de la Rúa 2003: 36). Auch Lee und Gudykunst (2001) heben hervor, dass Zuneigung gegenüber Mitgliedern einer anderen ethnischen Gruppe durch die wahrgenommene Ähnlichkeit in der Kommunikationsart entstehe (vgl. Lee/Gudykunst 2001: 382).

Aufgrund der kulturellen Differenzen ist es auch naheliegend, dass der Freundschaftsbegriff in unterschiedlichen Gesellschaften anders interpretiert wird. Zudem ist nicht immer gewährleistet, dass die Übersetzung in eine andere Sprache eindeutig und unmissverständlich gelingt. So kann es schnell zu verschiedenartigen Auffassungen kommen z. B. über die gewollte Intensität der Beziehung, den Umfang der Pflichten und die Erwartungen an die Freundschaft. „In manchen Kulturen nimmt Freundschaft eine Form an, bei der ernsthafte Hilfe fest erwartet wird, wie in der *mateship*[5] Australiens und der Blutsbrüderschaft" (Argyle/Henderson 1986: 109). Wenn allzu unterschiedliche Vorstellungen über die wechselseitige persönliche Beziehung aufeinandertreffen, kann die Entstehung bzw. Fortentwicklung einer Freundschaft erheblich gestört werden.

2.1.3 Aktuelle Besonderheiten und der Einfluss der *neuen Medien*

Gerade heutzutage ist Freundschaft „eine vertraute, sehr intime und somit äußerst relevante persönliche Beziehung zwischen den Partnern, die sich durch gemeinsam verbrachte Zeit und Aktivitäten auszeichnet" (Schipper 2012: 108).

Die *neuen Medien* und vor allem das Internet spielen eine immer wichtigere Rolle für das Entstehen und Aufrechterhalten von Freundschaften (vgl. Auhagen 2002: 107). Nach Döring (2003) lassen sich durch die leichtere Erreichbarkeit mittels Online-Medien, Kontakte lebendig erhalten oder verstärken. Die Kommunikation per E-Mail, Internet-Telefonie (z. B. *Skype*) oder Sofortnachrichten (z. B. SMS, *Facebook*, Chatgespräche) sei entfernungsunabhängig und dabei kostengünstiger als das Telefon. Außerdem sei man dadurch auch *asynchron*[6] erreichbar, egal in welcher Zeitzone man sich befinde (vgl. Döring 2003: 429). Auch Kneidinger (2012) ist der Ansicht, dass computervermittelte Kommunikation in Form sozialer Online-Netzwerke die Aufrechterhaltung und das Entstehen von Kontakten orts- und zeitunabhängig vereinfachen (vgl. Kneidinger 2012: 85). Schipper (2010) legt dar, dass computervermittelte Kommunikation ergänzend zu anderen Medienarten genutzt werde und sich dadurch die Kontakte intensivieren würden (vgl. Schipper 2010: 33). So ist das soziale Online-Netzwerk *Facebook* nach Görig (2011):

---

[5] Die Bezeichnung *mateship* stammt aus dem Australischen und wird oft verwendet, um die Beziehungen zwischen Männern in Momenten der Herausforderung zu beschreiben (vgl. Australian Government 2007).

[6] Bei der asynchronen Kommunikation geschieht das Senden und Empfangen von Daten zeitlich verschoben.

> *„eine nahezu perfekte Plattform, um mit weit entfernt lebenden Freunden in Kontakt zu bleiben, alte Bekannte wiederzufinden, schnell Neuigkeiten auszutauschen oder sich einfach nur die Zeit zu vertreiben. Facebook ist der Dienst, der wohl die meisten alten Freunde wieder zusammenführt, lockere Bekanntschaften vertieft und Kontakte angebahnt hat."* (Görig 2011: 45)

Neben *Facebook* gibt es noch weitere soziale Online-Netzwerke mit ähnlichen Möglichkeiten und Funktionen wie z. B. *StudiVZ*[7] oder *LinkedIn*[8].

Kommunikation und Intimität sind wichtig, um zwischenmenschliche Beziehungen aufrechtzuerhalten, aber sie sind nicht allein entscheidend (vgl. Auhagen 2002: 107). So hat der geographische Abstand früher meist den Kontakt zu anderen Kulturen und Sprachräumen verhindert. Das spielt heute kaum noch eine Rolle, da die Globalisierung und hohe Mobilität es ermöglichen, sich weltweit immer wieder persönlich von Angesicht zu Angesicht zu begegnen und zwischen den Treffen häufigen Kontakt über die elektronischen Kommunikationsmedien zu pflegen. Auch wenn der gefühlte Abstand zwischen den Menschen enorm geschrumpft ist, so existieren jedoch immer noch Sprachbarrieren sowie ein Fremdheitsgefühl gegenüber ungewohnten Kulturen und anderen Religionen. Dieses kann aber zugleich auch ein Anreiz und eine Attraktion bzw. Neugier sein, fremde Kulturen kennenzulernen und neue Freunde zu gewinnen. Auhagen (2002) weist darauf hin, dass sich durch die „zwischenmenschliche Globalisierung" Distanzen zwischen Raum und Zeit schneller und einfacher überwinden ließen und die neu geschaffene Kommunikationskultur ihren eigenen Regeln folge (ebd.: 104–105). So ließen sich Freundschaften laut Ceballos (2009) ohne großen Aufwand auch über größere Entfernungen hinweg pflegen. Dank der fortgeschrittenen Globalisierung und einfachen Kommunikationsmitteln entstünde kein größerer Zeitaufwand und es ließen sich immer mehr freundschaftliche Kontakte aufbauen und weiterentwickeln. Das Internet erleichtere die interkulturelle Kommunikation. Allerdings könne die virtuelle Freundschaft durch die vorgetäuschte Nähe auch oberflächlich sein (vgl. Ceballos 2009: 37). Soziale Online-Netzwerke beispielsweise bieten durch das Verschicken von Nachrichten, Links oder Fotos die Möglichkeit, mit Bekannten in lockerem Kontakt zu verweilen (vgl. Brunner 2011: 26). Bekanntschaften sind im Gegensatz zu Freundschaften unper-

---

[7] http://www.studivz.net
[8] http://www.linkedin.com/

sönlicher, oberflächlicher und nicht von Dauer (vgl. Krosta/Eberhard 2007: 21). Besonders in sozialen Netzwerken wird eine Art von Nähe vorgetäuscht, wie durch die Studie von Yun et al. (2010) bewiesen wird. Sie fanden in ihrer Umfrage mit koreanischen Internetnutzern heraus, dass 59 Prozent und somit ein Großteil dieser sogenannten Freunde in sozialen Online-Netzwerken lediglich Online-Kontakte sind, 25 Prozent sind Bekannte sowie 7 Prozent Mitschüler und Kollegen. Nur 9 Prozent werden als gute Freunde eingeschätzt (vgl. Yun et al. 2010).

Auhagen (2002) vermutet, dass über die *neuen Medien* zwar mehr kommuniziert werde, diese Verständigung aber bedeutungsloser und weniger eng sei. So würden in der heutigen Zeit in bestimmten Situationen Informationen ausgetauscht, in denen in der Vergangenheit ohne die *neuen Medien* womöglich gar kein Austausch stattgefunden hätte (vgl. Auhagen 2002: 105–106). Menschen könnten sich also auf der einen Seite mehr zu einander hingezogen fühlen, jedoch auch auf der anderen Seite „Gefühle der Übersättigung, der Kontrolle und auch der Sinnentleerung von Kommunikation" empfinden (ebd.: 106). Auhagen (2002) hält es deshalb für wichtig, bewusster mit den *neuen Medien* umzugehen (vgl. ebd.: 106).

2.1.4 Geschlechts- und altersspezifische Unterschiede

„Freundschaften zwischen Männern und Frauen [...] sind offenbar nur dann möglich, wenn die Sexualität einigermaßen unter Kontrolle gebracht ist. Dies kann z.B. der Fall sein, wenn es sich um ‚verflossene' Liebschaften handelt" (Valtin/Fatke 1997: 40).

Durch ihre Interviews mit 32 männlichen und 32 weiblichen Teilnehmern fanden Valtin und Fatke (1997) heraus, dass es zahlreiche Unterschiede zwischen Frauen- und Männerfreundschaften gibt. Demzufolge würden Frauen großen Wert auf kommunikative Eigenschaften legen und hätten meist mehr gleichgeschlechtliche Freunde als Männer. Männer hingegen würden bei der Freundschaftswahl dazu tendieren, auf Aktivitäten und Interessen zu achten. Des Weiteren würden Männer, im Gegensatz zu Frauen, ihr Verlangen nach Intimität und emotionaler Anteilnahme eher in Liebesbeziehungen als in Freundschaften zeigen. Demnach würden Männer eine Liebesbeziehung vermehrt wichtiger einschätzen als eine Freundschaft. Für Frauen hingegen sei oft die Freundschaft wichtiger als die Liebe. Frauen würden ihren Freundinnen eher persönliche Informationen anvertrauen und offen über ihre Schwächen sprechen, während Männer diesbezüglich eher schweigsamer wären. Außerdem seien Frauen, was die Pflege der Freundschaftsbeziehung betrifft, engagierter als Männer (vgl. ebd.: 203–204).

Männerfreundschaften sind hauptsächlich auf gemeinsame Unternehmungen fokussiert, wohingegen Frauenfreundschaften sich eher auf das persönliche Gespräch untereinander konzentrieren (vgl. Heidbrink et al. 2009: 28). Auch Argyle und Henderson (1986) teilen die Ansicht, dass Männer ihre Freunde auf Partner für die Freizeit oder gemeinsame Aktivitäten reduzieren und Frauen ihre Freundschaften eher auf Vertrauen und emotionale Unterstützung aufbauen (vgl. Argyle/Henderson 1986: 85).

Freundschaft als eine wichtige Art der Beziehung findet sich in allen Altersgruppen beider Geschlechter sowie in jeder Schicht und Kultur wieder (vgl. ebd.: 85). Im frühen Erwachsenenalter sind Freunde nach Heidbrink et al. (2009) oft gleichaltrig, gleichgeschlechtlich und haben einen ähnlichen Bildungsstand. Dadurch hätten sie oft auch ähnliche Interessen und Denkweisen. Männerfreundschaften würden sich zudem hauptsächlich auf gemeinsame Unternehmungen fokussieren, während Frauenfreundschaften sich eher auf das persönliche Gespräch untereinander konzentrieren würden (vgl. Heidbrink et al. 2009: 28). Diejenigen Menschen mit den meisten Freunden sind laut Argyle und Henderson (1986) in der Altersgruppe zwischen 18 und 25 Jahren. Sie seien Mitglieder der Mittelschicht, ledig und extrovertiert. Im Gegensatz zu älteren Leuten falle es ihnen nicht schwer, neue Freundschaften zu schließen (vgl. Argyle/Henderson 1986: 87–88). Auch ERASMUS-Studierende sind in der Regel zu dieser ersten Gruppe zu zählen; sie schließen während ihres Auslandssemesters schnell eine große Anzahl von vermeintlichen Freundschaften. Wie sich diese interkulturellen Freundschaften entwickeln sollen die empirische Untersuchung (Kapitel 3) und deren Auswertung (Kapitel 4) aufzeigen. Auf Freundschaften im Kindes- und Seniorenalter wird in dieser Untersuchung nicht weiter eingegangen, da dies für die Beantwortung der Forschungsfrage irrelevant ist.

Die Studie von Williams und Johnson (2011) mit 80 amerikanischen Studierenden zeigt, dass mehr Frauen als Männer internationale Freunde haben. Dafür habe der einzelne Mann im Schnitt mehr internationale Freunde als die einzelne Frau (vgl. Williams/Johnson 2011: 46). Argyle und Henderson (1986) stellen dagegen fest: „Frauen verfügen über eine größere Zahl enger Freundschaften, vor allem mit anderen Frauen; die Freundschaften von Männern sind weniger eng" (Argyle/Henderson 1986: 99).

Die Rolle der Frau in manchen Kulturen ist durch Unfreiheit und Unterdrückung geprägt. So stellt Duncker (2012) in Bezug auf den Islam fest:

„Ebenfalls sind Männer und Frauen im islamischen Recht nicht gleichgestellt. Dem Mann wird ‚Vollmacht und Verantwortung' (Sure 4,34) seiner Frau gegenüber zugeschrieben. Sie muss ihm gehorchen und jederzeit – auch sexuell – zur Verfügung stehen (Sure 2,223). Gehorcht eine Frau ihrem Mann nicht, soll er sie bestrafen." (Duncker 2012)

Unter diesen Umständen ist zu erwarten, dass die Entwicklung von freundschaftlichen Beziehungen mit islamischen Frauen sich erheblich problematischer gestaltet. Eine intensivere Bearbeitung dieses Aspekts würde jedoch den Rahmen dieser Studie sprengen.

2.1.5 Freundschaft und Identität

„Identität bildet in modernen Gesellschaften eine grundlegende Voraussetzung für soziales Handeln und interpersonale Interaktion" (Misoch 2004: 18). Laut Misoch (2004) ist *„Identität* (vom lat. idem = das-, derselbe)" einerseits „die vollständige Übereinstimmung eines Objektes oder Subjektes" mit der eigenen Person und andererseits die „einheitliche [...] Betrachtung seiner selbst" (ebd. 18–19). Neben persönlichen Meinungen, Ansichten, Gefühlen, Gedanken und Verhaltensweisen identifizieren Individuen sich durch ihr privates oder berufliches Handeln (vgl. ebd.: 23). Identität bewege „sich immer zwischen dem, was ein Individuum selbst möchte und dem, was gesellschaftlich gewünscht oder gefordert wird" (ebd.: 17). Soziale Identität bezeichne die „Selbstidentifikation mit einer sozialen Gruppe" sowie die „Definition durch eine soziale Gruppe" (ebd.: 25). Personale Identität sei die „Selbstidentifikation eines Individuums" (ebd.: 26).

Nach Keupp et al. (2008) ist Identität ein „fortschreitender Prozeß [sic] eigener Lebensgestaltung, der sich zudem in jeder alltäglichen Handlung (neu) konstruiert" (Keupp et al. 2008: 215). Des Weiteren verstehen die Autoren unter Identität eine „narrative Konstruktion", deren Fokus auf der Selbsterzählung liege (ebd.: 216).

Ferner wird Identität in unterschiedlichen Lebensbereichen spezifisch konstruiert; es wird auch von *Teilidentitäten* gesprochen (vgl. Lucius-Hoene/Deppermann 2004: 51). Nach Keupp et al. (2008) entwickeln sich Teilidentitäten, wenn persönliche Erfahrungen reflektiert und integriert werden (vgl. Keupp et al. 2008: 217). In diesem Sinne lässt sich Freundschaft über die Aspekte *Gefühlswelt, Meinungen, Gedanken, Erfahrungen* und *Verhaltensweisen* auch als Teilidentität begreifen.

In Kapitel 3 wird für die Auswertung von narrativen Interviews das Verfahren der Textanalyse nach Deppermann und Lucius-Hoene (2004) ausgewählt. Es ist ursprünglich dazu ausersehen, aus narrativen Interviews Identitäten zu rekonstruieren. Da das Konzept *Freundschaft* auch als Teilidentität der Persönlichkeit ansehen werden kann, erscheint dieses Verfahren geeignet, ebendieses spezifische Persönlichkeitsmerkmal (Freundschaft) mit all seinen Eigenheiten zu untersuchen.

2.2 Entwicklung von Freundschaft

Nachdem im vorherigen Kapitel eine Einführung in den Freundschaftsbegriff gegeben wurde, soll nun die Entwicklung von Freundschaften, von der Entstehung (Kapitel 2.2.1), der Pflege und Aufrechterhaltung (Kapitel 2.2.2) bis hin zur eventuellen Beendigung (Kapitel 2.2.3) erörtert werden.

Die Entwicklung einer Freundschaft beginnt beim Kennenlernen. Erst danach kann eine Beziehung entstehen, die auf Dauer jedoch nur funktioniert, wenn sie ständig gepflegt und belebt wird. So hebt Duck (1991) hervor, dass Beziehungen nicht einfach so passieren, sondern einer vielfältigen Pflege bedürfen. Dies gilt für jegliche Art von positiven Beziehungen, von denen die Freundschaft nur eine besondere Erscheinungsform ist:

> *"Relationships do not just happen; they have to be made – made to start, made to work, made to develop, kept in good working order and preserved from going sour. To suggest that one simply starts a friendship, courtship, romantic partnership or marriage and 'off it goes' is simple-minded. It is like believing that one can drive down the street merely by turning the ignition key, sitting back and letting the car take care of itself."* (Duck 1991: 3)

Im folgenden Abschnitt wird der Entstehungsprozess einer Freundschaft besonders beleuchtet, da dieser die Einstiegsphase für die Entwicklung der Beziehung darstellt.

2.2.1 Entstehen von Freundschaft

Damit eine freundschaftliche Beziehung überhaupt entstehen könne, müsse nach Chan und Birman (2009) zuerst eine Interaktion mit anderen stattfinden. In der unmittelbaren Umgebung spielen Kontakt und Erreichbarkeit aus diesem Grund eine wichtige Rolle (vgl. Chan/Birman 2009: 322). *Nähe* ist also ein wichtiger Faktor, der das Entstehen und die Entwicklung einer freundschaftlichen Beziehung fördert. Dies wird auch durch

Heidbrink et al. (2009) bestätigt, die betonen, dass die Kontakthäufigkeit auf der räumlichen Nähe beruhe und es somit wahrscheinlicher sei, dass Freundschaften unter Menschen entstehen, die nahe beieinander leben (vgl. Heidbrink et al. 2009: 28). Wie bereits in Kapitel 2.1.3 diskutiert, verkürzen die *neuen Medien* den räumlichen Abstand drastisch, wenn auch vielleicht nur scheinbar. So kann grundsätzlich nicht ausgeschlossen werden, dass über das Internet in selteneren Fällen auch Freundschaften entstehen können zwischen einzelnen Menschen, die sehr weit voneinander entfernt wohnen und sich noch nie persönlich begegnet sind. Solche Beziehungen sind vergleichbar mit der Entstehung und Praktizierung von Brieffreundschaften, die im 18. Jahrhundert weit verbreitet waren (vgl. Maurer 2006: 76).

Eine weitere wichtige Rolle im Entstehungsprozess einer Freundschaft spielt der Faktor *Ähnlichkeit*. Dies hat auch der Psychologe Robert B. Cialdini (2010) festgestellt, denn Menschen, die sich in Aussehen, Meinungen, Charakter, Herkunft und Lebensstil (dazu gehört auch die Kleidung) ähneln, finden sich gegenseitig sympathischer (vgl. Cialdini 2010: 226). Freunde müssen sich jedoch nicht zwangsläufig in ihrer Persönlichkeit ähneln oder Gemeinsamkeiten in allen Lebensbereichen aufweisen (vgl. Heidbrink 2007: 7). Es ist somit auch durchaus möglich, dass Freundschaften zwischen komplett unterschiedlichen Menschen entstehen. Hierbei ist anzunehmen, dass oftmals der Reiz des Exotischen, die Neugier auf das Andersartige oder auch nur reiner Wissensdurst die treibende Kraft ist, die das Interesse an interkulturellen Beziehungen hervorruft. Manchmal werden auch ganz gezielt Kontakte gesucht, nur um die fremde Sprache zu erlernen und zu üben. In diesen Fällen tritt der Freundschaftsgedanke aber wohl eher in den Hintergrund.

Freundschaften entwickeln sich außerdem vermehrt zwischen Menschen, die sich gegenseitig anziehend finden, da attraktive Menschen als herzlicher, geselliger, interessanter und freundlicher angesehen werden (vgl. Argyle/Henderson 1986: 92–93). Ein weiterer Punkt ist, inwieweit der potentielle Freund „als ‚belohnend' empfunden wird" (ebd.: 95) und die eigenen Ansichten bestätigt. Auch die Art des sozialen Verhaltens und der materielle Nutzen in Form von z.B. Essenseinladungen, Geschenken und anderweitiger Hilfe werden zu dieser Kategorie gezählt (vgl. ebd.: 95–96). Durch die Regel der Reziprozität fühlt sich jemand, dem ein Gefallen getan wurde, zur Gegenleistung verpflichtet (vgl. Cialdini 2010: 87). Dies kann dazu führen, dass beispielsweise nach einer Einladung zum Essen eine Einladung des Gastes folgt, welche durch den sozialen

Druck des Revanchierens ausgelöst wird und den Kontakt intensiviert, was wiederum zur Entstehung einer Freundschaft beitragen kann.

Als Gründe für Freundschaften gaben circa 78 Prozent der 64 Befragten[9] aus Valtkins und Fatkes Studie (1997) gemeinsame Erlebnisse, Interessen und Aktivitäten an und ungefähr 72 Prozent benannten ein gutes gegenseitiges Verständnis als ausschlaggebend. 64 Prozent deklarierten gleiche Lebensanschauungen und Wertvorstellungen als Gründe für Freundschaften (vgl. Valtin/Fatke 1997: 42).

Argyle und Henderson (1986) beschreiben den Entstehungsprozess von Freundschaften wie folgt:

„1. Man gewinnt Eindrücke vom anderen aus der Distanz, bei zufälligen Begegnungen am Arbeitsplatz oder in der Nachbarschaft und so weiter.

2. Erste Treffen durch Verabredung oder Einladung.

3. Regelmäßige Treffen und wechselseitige Bindung. Diesen Prozeß [sic] kann man als Aussieben oder Selektion möglicher Freunde betrachten, bei dem in jedem Stadium einige wegfallen." (Argyle/Henderson 1986: 91)

Das deckt sich auch mit der allgemeinen Erfahrung: es gibt viele Leute, die man nur vom Sehen her oder flüchtig kennt, einige, die man gezielt trifft und wenige, die man schließlich zu seinen Freunden zählen kann.

2.2.2 Pflege und Erhaltung von Freundschaft

Der Volksmund sagt: „Kleine Geschenke erhalten die Freundschaft". Die Bezeichnung „Geschenke" steht dabei stellvertretend z.B. für Aufmerksamkeiten, Sympathiebekundungen, Briefe (auch E-Mail oder SMS) sowie Telefonate. Diese signalisieren alle: „Ich denk an dich!", „Ich mag dich!", „Ich vermisse dich" und stellen ein wichtiges Instrument bei der Pflege einer Freundschaft dar. Somit weist dieses Sprichwort letztendlich darauf hin, dass sich Freundschaft nicht einfach so ohne besonderes Zutun erhält, sondern, dass ständiges Bemühen erforderlich ist.

---

[9] Wie bereits in Kapitel 2.1.4 beschrieben, bestand die Stichprobe aus 32 Männern und 32 Frauen. Diese waren je zur Hälfte berufstätig und studentisch und stammten aus West- und Ostberlin (vgl. Valtin/Fatke 1997).

Nach Ceballos (2009) erstrecken sich freundschaftliche Beziehungen über mehrere Lebensphasen oder halten sogar ein Leben lang. Ändern sich die persönlichen Umstände einer der Freunde, so könne sich auch der Verlauf der Freundschaft neu gestalten. Menschen mit vergleichbaren Lebensumständen hätten häufigen Kontakt miteinander, um sich über Gemeinsamkeiten auszutauschen. Dabei werde nicht vorausgesetzt, dass sie dasselbe Alter hätten oder über gemeinsame Interessen verfügen (vgl. Ceballos 2009: 43). Demnach kann die Gemeinsamkeit von Interessen eine wichtige Rolle bei der Entstehung und Pflege von Freundschaften spielen, sie ist aber letztendlich keine notwendige Voraussetzung dafür.

Für Auhagen und von Salisch (1993) bestehen Freunde und Freundinnen aus einem ausgesuchten Personenkreis und sorgen im Idealfall für das gegenseitige Wohlbehagen. Sie müssen sich gegenseitig und ihre Relation zueinander genau wahrnehmen, offen miteinander interagieren und Informationen austauschen sowie sich für ihre Freundschaftsbeziehung einsetzen (vgl. Auhagen/von Salisch 1993: 228).

Zu den wohl wichtigsten Faktoren bei der Entwicklung und Erhaltung von Freundschaftsbeziehungen zählen gemeinsame Unternehmungen. Als typische freundschaftliche Aktivitäten werden von Argyle und Henderson (1986) genannt: „Tanzen, Tennis, Parties, gemeinsames Nichtstun, Kneipenbesuch, persönliches Gespräch, Spazierengehen" (Argyle/Henderson 1986: 98). Wenn man diese Aktivitäten als außerordentlich wichtig betrachtet, stellt sich natürlich die Frage, ob im ERASMUS-Semester entstandene Freundschaften auch ohne diese genannten Aktivitäten fortgeführt werden können. Schließlich fällt dadurch, dass die Austauschstudierenden wieder in ihre Heimatländer zurückkehren und sich nicht mehr (physisch)[10] verabreden können, die Aktivitätskomponente völlig weg. In dieser Hinsicht wird es innerhalb der Interviewauswertung interessant sein, ob eine im ERASMUS-Aufenthalt geschlossene Freundschaft auch ohne diese Aktivitäten aufrecht erhalten werden kann.

---

[10] Der Ausdruck *physisch* wird hier verwendet, um zu verdeutlichen, dass Verabredungen zwar noch über das Internet (z.B. via *Facebook*) möglich sind, diese aber nicht eine Verabredung im eigentlichen Sinne repräsentieren.

2.2.3 Beendigung von Freundschaft

Eine Freundschaft kann aufgrund ihrer Freiwilligkeit jederzeit beendet werden (vgl. Allan 1989: 17), jedoch geschieht dies in der Regel nicht willkürlich, sondern hat stets Ursachen und Hintergründe.

In Kapitel 2.2.1 wurde bereits auf die Bedeutung des Faktor *Nähe* eingegangen. Argyle und Henderson (1986) sind der Meinung, dass Freundschaften länger halten, wenn die Betroffenen in der nahen Umgebung voneinander leben oder sich regelmäßig zusammenfinden. Bei einem Umzug einer der beiden Freunde komme es in vielen Fällen zu einem Kontaktabbruch (vgl. Argyle/Henderson 1986: 88). Auhagen und von Salisch (1993) stellen dazu jedoch fest, dass meistens nicht der plötzliche räumliche Abstand für den Bruch der Freundschaft verantwortlich sei, sondern fehlender Wille, Bereitschaft und Einsatz für den Erhalt der Freundschaft:

> *„Freundschaften gehen nicht eo ipso an räumlichen Trennungen in die Brüche, sondern häufig an dem mangelnden Engagement der Beteiligten."* (Auhagen/von Salisch 1993: 229)

Scheitert eine Freundschaft liegt das oft an der Verletzung der beziehungsmäßigen Bindungen (vgl. ebd.: 228–229). Als Gründe für das Zerbrechen von freundschaftlichen Relationen führen Valtin und Fatke (1997) folgende Kategorien auf:

- *„Auseinanderleben aufgrund von Änderungen der Interessen, der Erfahrungen und der Entwicklung,*
- *Ortswechsel und damit zusammenhängende Faktoren,*
- *Aufnahme neuer Beziehungen und Probleme durch Dritte,*
- *Vertrauensmißbrauch [sic] und Enttäuschungen,*
- *Streit,*
- *nachlassendes Engagement für die Freundschaft."* (Valtin/Fatke 1997: 105)

Diese Aufzählung ist sehr allgemein gehalten und auch nicht unbedingt vollständig. So könnte man z.B. auch Eifersucht, Misstrauen, Ausnutzung, Missverständnisse und andere Kommunikationsprobleme nennen. Fast alle von Valtin und Fatke (1997) genannten Gründe lassen sich allerdings auch unter den Oberbegriffen *Auseinanderleben*, *Enttäuschung* und *Streit* verbergen.

Eine etwas detailliertere Zusammenstellung von Gründen für das Auseinandergehen von freundschaftlichen Beziehungen haben Argyle und Henderson (1986) in ihrer Befragung mit 150 Teilnehmern erarbeitet und in Tabelle 2 zusammengefasst:

	Mäßig oder sehr maßgeblich für das Zerbrechen von Freundschaft	Kaum maßgeblich für das Zerbrechen von Freundschaft
Eifersucht auf oder Kritik an Ihren Beziehungen zu Dritten	57 %	22 %
Mit anderen über vertraulich Mitgeteiltes reden	56 %	19 %
Nicht freiwillig Hilfe anbieten, wenn sie benötigt wird	44 %	23 %
Kein Vertrauen in Sie zeigen	44 %	22 %
Öffentlich Kritik an Ihnen üben	44 %	21 %
Keine positive Wertschätzung Ihrer Person zeigen	42 %	34 %
Sich nicht in Ihrer Abwesenheit für Sie einsetzen	39 %	28 %
Nicht tolerant gegenüber Ihren übrigen Freunden sein	38 %	30 %
Keine emotionale Unterstützung zeigen	37 %	25 %
An Ihnen herumnörgeln	30 %	25 %

Tabelle 2: Zerbrechen von Freundschaften (in Anlehnung an Argyle/Henderson 1986: 122)

Die in Tabelle 2 aufgezählten Ursachen sind sortiert nach der Häufigkeit der von den Befragten als maßgeblich angesehenen Faktoren. Danach sind eifersuchtsähnliche Verhaltensweisen und Bruch der Vertraulichkeit die deutlich am häufigsten genannten Gründe.

2.3   Interkulturelle Freundschaft

Nachdem in den vorangegangenen Kapiteln der Freundschaftsbegriff und seine Aspekte allgemein diskutiert wurde, wird im Folgenden eine spezielle Form der Freundschaft behandelt, bei der sich eine besondere Beziehung zwischen Menschen entwickelt, die aus unterschiedlichen Kulturkreisen stammen. In Kapitel 2.3.1 werden die Besonderheiten bei der Bildung einer interkulturellen Freundschaft aufgezeigt. Anschließend werden mögliche Hindernisse bei der Entwicklung (Kapitel 2.3.2) und der Nutzen (Kapitel 2.3.3) dieser Art von Freundschaften erörtert.

Interkulturelle Freundschaften sind anders als Freundschaften zu Personen aus dem eigenen Kulturkreis. Durch die kulturspezifischen Differenzen (Kapitel 2.1.2) kann es zu Missverständnissen in der Kommunikation kommen, aber es kann auch eine Art Neugier entstehen, mehr über sein Gegenüber und dessen Kultur zu erfahren. Laut Ceballos (2009) wird es erst durch den interkulturellen Austausch ermöglicht, Unterschiede wahrzunehmen und somit lasse sich auch das eigene Verhalten reflektieren (vgl. Ceballos 2009: 38). Die Freunde sollten sich gegenseitig akzeptieren und können dabei voneinander lernen, d. h. die Werte und Normen der jeweils anderen Kultur kennenlernen.

Ein bedeutsamer Faktor bei der Entstehung und Erhaltung von interkulturellen Freundschaften ist die Kommunikation. Lüsebrink (2008) definiert *interkulturelle Kommunikation* als „kommunikative Dimension der Beziehungen zwischen Angehörigen unterschiedlicher Kulturen" (Lüsebrink 2008: 8). Maletzke (1996) spricht von interkultureller Kommunikation, „wenn die Begegnungspartner verschiedenen Kulturen angehören und wenn sich die Partner der Tatsache bewußt [sic] sind, daß [sic] der jeweils andere ‚anders' ist, wenn man sich also gegenseitig als ‚fremd' erlebt" (Maletzke 1996: 37).

Nach Lüsebrink (2008) bezieht sich *Interkulturalität* auf Gegebenheiten, die aus der interkulturellen Kommunikation hervorgehen wie z.B. „Sprachmischung", „Kulturmischung" oder „Prozesse der kreativen Integration von Elementen fremder Kulturen" (Lüsebrink 2008: 14). Der Begriff stehe im Zusammenhang mit den Auswirkungen interkultureller Interaktionen (vgl. ebd.: 14). Es ist deshalb besonders wichtig, dass beide Partner kompetent genug und bereit dazu sind, fremde Kulturstandards zu erlernen. Daneben sollten sie die eigene Kultur leben und mit dem Wissen und den Mitteln der eigenen Kultur, die fremde Kultur erfahren und bewerten.

2.3.1 Entstehen von interkultureller Freundschaft

Bei der Entwicklung einer interkulturellen Freundschaftsbeziehung macht es für den Einzelnen einen Unterschied aus, ob er in der Gastgeberrolle oder in der Rolle des Gastes ist. Im ersten Fall begegnet er der fremden Kultur in der heimischen Umwelt, die keine zusätzlich neuen Anforderungen an ihn stellt. Im zweiten Fall bewegt er sich auch noch in einer fremden Umwelt und muss sich den Gepflogenheiten der fremden Gesellschaftsform anpassen.

Kudo und Simkin (2003) fanden heraus, dass interkulturelle Freundschaften am häufigsten durch gemeinsames Wohnen (besonders in Wohnheimen) oder Kurse entstehen (vgl. Kudo/Simkin 2003: 98). Ein weiterer wichtiger Faktor bei der Bildung interkultureller Freundschaften sei das Alter. Meist ähneln sich zudem die Interessen (vgl. ebd.: 101). Daneben sei die Offenheit zu kommunizieren eine Grundlage für das Entstehen interkultureller Freundschaften (vgl. ebd.: 110).

Gareis (1995) hat zwölf Faktoren identifiziert, die die Bildung von interkulturellen Freundschaften beeinflussen. Diese werden in einem Schaubild zusammengestellt, bei dem die einzelnen Einflussgrößen wie bei einer Uhr kreisförmig um das Thema angeordnet sind:

Abbildung 2: Einflussfaktoren interkultureller Freundschaft nach Gareis (1995: 49)

Da diese Art der Darstellung kaum eine Möglichkeit bietet, eine Zuordnung zu verschiedenen Kriterien aufzuzeigen, wurde die Grafik in eine tabellarische Darstellung umgewandelt. Die von Gareis definierten Kategorien (vgl. Gareis 1995: 50) wurden in Tabelle 3 zusammengestellt und durch eine eigene Kategorisierung ergänzt:

	Voreinstellung des Gaststudierenden	Hauptfaktoren	Nebenfaktoren	Feste Faktoren – kaum beeinflussbar	Die Einzelperson betreffend	Die Freunde betreffend	Die Gesellschaft betreffend
Kultur	X						O
Persönlichkeit	X				O		
Selbsteinschätzung	X				O		
Elemente der Freundschaft	X					O	
Erwartungen	X				O		
Angepasstheit		X					O
kulturelles Wissen		X			O		
kommunikative Kompetenz		X				O	
externe Einflussgrößen			X				O
Nähe			X			O	
U. S. Eigenheiten				X			O
Chemie				X		O	

Tabelle 3: Einflussfaktoren interkultureller Freundschaft (eigene Darstellung in Anlehnung an Gareis 1995: 49)

Gareis (1995) ordnet die ersten fünf Faktoren (*Kultur, Persönlichkeit, Selbsteinschätzung, Elemente der Freundschaft* und *Erwartungen*) dem Thema *Voreinstellung des Gaststudierenden* (vgl. ebd.: 50) zu und umschreibt damit die vorgefassten Meinungen, mit denen ein ausländischer Gast seinem Auslandsaufenthalt entgegensieht.

Die nächsten drei Einflussgrößen (*Angepasstheit, kulturelles Wissen* und *kommunikative Kompetenz*) bezeichnet sie als *Hauptfaktoren* (vgl. ebd.: 50) und drückt damit die starke

Bedeutung dieser Faktoren für die Bildung und Gestaltung interkultureller Freundschaften aus.

Zwei weitere Elemente (*Externe Einflussgrößen* und *Nähe*) werden als „zusätzlich und mit geringerem Einfluss" (vgl. ebd.: 50) beschrieben. Diese *Nebenfaktoren* sind hilfreich, haben aber nur eine geringe Bedeutung für den Freundschaftsbildungsprozess.

Die letzten beiden Faktoren (*U. S. Eigenheiten* und *Chemie*) werden von Gareis bezüglich der interkulturellen Gäste als „fest vorgegeben und kaum beeinflussbar" beschrieben (*Feste Faktoren – kaum beeinflussbar*). Im Gegensatz dazu gelten die ersten zehn Einflussgrößen als „beeinflussbar und veränderbar durch die Gaststudierenden" (vgl. ebd.: 50).

Die Zuordnung zu den von Gareis (1995) definierten Kategorien wird in Tabelle 3 durch die Verwendung von Kreuzen deutlich gemacht.

Eine andere Herangehensweise für die Kategorisierung der genannten Einflussgrößen ergibt sich, wenn man die menschlichen Grundelemente einer interkulturellen Freundschaftsbeziehung betrachtet:

- der *Einzelmensch* in seiner Persönlichkeit und mit seinen individuellen Fähigkeiten;
- die *Freunde* als einander zugewandte und besonders verbundene Zweierbeziehung;
- die *Gesellschaft* mit ihren politischen, kulturellen, religiösen und sittlichen Zwängen.

Nach den Erfahrungen der Autorin dieser Studie sind es genau diese drei Elemente, die eine interkulturelle Freundschaft ausmachen:

- eine positive Verbindung (Beziehung) zwischen zwei Individuen, die in unterschiedliche Gesellschaftsformen eingebunden sind

Diesem Ansatz entsprechend fällt auf, dass einige der von Gareis (1995) genannten Einflussfaktoren sich auf die einzelne Person, das Individuum, beziehen:

- *Persönlichkeit, Selbsteinschätzung, kulturelles Wissen* und *Erwartungen*

Weitere Komponenten beziehen sich auf die Partnerschaft und Interaktion zwischen zwei Personen, den Freunden:

- *Kommunikative Kompetenz, Nähe, Chemie* zwischen beiden (Sympathie) und *Elemente der Freundschaft* (freundschaftsbildend und verbindend)

Und schließlich noch die Einflussgrößen, die durch das soziale Umfeld, durch Gesellschaft und Kultur gegeben sind:

- *Kultur, Angepasstheit, externe Einflussgrößen* und *U. S. Besonderheiten*[11]

Die Zuordnung der von Gareis aufgezählten Einflussfaktoren zu den eben genannten drei Kategorien (*Individuum*, *Freunde* und *Gesellschaft*) erfolgt in Tabelle 3 durch die Verwendung von Kreisen.

Als wichtige Faktoren für die Entwicklung interkultureller Freundschaften identifizieren Kudo und Simkin (2003) häufigen Kontakt, Ähnlichkeit, Selbstoffenbarung und Aufnahmebereitschaft für andere Staatsbürger (vgl. Kudo/Simkin 2003: 97). Von diesen Elementen hat speziell der letzte Punkt eine besondere Bedeutung bei interkulturellen Freundschaften. Sias et al. (2008) unterstreichen, dass kulturelle Unterschiede für viele Menschen interessant seien und daher die Entwicklung interkultureller Freundschaften erleichtern. Besonders der Beginn von Freundschaftsbeziehungen werde durch die Kulturunterschiede als Thema des Gesprächsbeginns gefördert (vgl. Sias et al. 2008: 6).

Daneben zeigte die Studie von Sias et al. (2008), dass frühere interkulturelle Erlebnisse wichtig für die Entwicklung interkultureller Freundschaften sind. Für die Interviewpartner bestehe dadurch ein stärkerer Wille, eine Freundschaft zu jemandem aus einer anderen Kultur aufzubauen. Außerdem würde in der Anfangsphase das gezielte Knüpfen von Kontakten bei sozialen Veranstaltungen, interkulturellen Zusammenkünften oder Orientierungsphasen für internationale Studierende eine bedeutende Rolle spielen (vgl. ebd.: 9). Auch Williams und Johnson (2011) heben hervor, dass Menschen mit internationalen Freunden mehr Interesse am interkulturellen Austausch hätten und sich für sie mehr Gelegenheiten zum Informationsaustausch ergeben würden. Sie begründen dies damit, dass diese Personen wegen ihrer internationalen Freundschaften mehr internationale Veranstaltungen besuchen und mehr Zeit im Ausland verbringen würden (vgl. Williams/Johnson 2011: 46). Daneben fanden die beiden Autoren heraus, dass Men-

---

[11] Eine besondere Rolle spielt in dieser Aufzählung der Faktor *U. S. Besonderheiten*. Er soll offensichtlich spezielle Gegebenheiten berücksichtigen, die nur bei interkulturellen Freundschaften zu U. S.-Bürgern relevant sind. Im Rahmen dieser Studie sollte dieser Faktor besser durch ERASMUS-Besonderheiten ersetzt werden.

schen, die bereits über internationale Freundschaften verfügen, offener und aufgeschlossener seien als Menschen ohne internationale Freunde (vgl. ebd.: 44).

Zschocke (2007) bemerkt, dass je besser eine Fremdsprache gesprochen werde, desto mehr Kontakte in den meisten Fällen geknüpft werden. Durch die gewonnen Kontakte und die daraus resultierende Aktivität komme es zu weiteren neuen Kontakten (vgl. Zschocke 2007: 55).

2.3.2 Hindernisse bei der Entwicklung interkultureller Freundschaft

Bei der Entwicklung interkultureller Freundschaften kann es verschiedene Hindernisse geben. Vaccarino und Dresler-Hawke (2011) identifizieren folgende Schwierigkeiten, Freunde mit einem anderen kulturellen Hintergrund kennenzulernen:

- Kulturelle Unterschiede;
- Unterschiede in Sprache und Akzent;
- Unterschiede in Religion, Glauben und Denken;
- Unterschiede in Werten, Normen und Bräuchen;
- Entfernung;
- intrakulturelle Gruppenbildung;
- Kommunikationsschwierigkeiten;
- fehlende Zeit;
- persönliche Charaktereigenschaften (vgl. Vaccarino/Dresler-Hawke 2011: 185–186).

Daneben erläutern Vaccarino und Dresler-Hawke (2011), dass es bei einheimischen Studierenden oft an der Motivation und dem Interesse mangele, internationale Freundschaften aufzubauen. Sie würden hauptsächlich an die Hindernisse und Schwierigkeiten bei der Entstehung solcher Freundschaften denken (vgl. Vaccarino/Dresler-Hawke 2011: 187–188).

41 Prozent der von Vaccarino und Dresler-Hawke (2011) 161 befragten internationalen und neuseeländischen Studierenden halten die Sprache für ein Hindernis bei der Bildung von interkulturellen Freundschaften (vgl. ebd.: 187). Sprachschwierigkeiten können jedoch nicht nur die Entwicklung von Beziehungen verhindern, sie können diese auch fördern, denn oftmals motivieren sie vermehrt dazu, miteinander zu sprechen und

es entsteht dadurch eine humorvolle, spielerische Kommunikation (vgl. Sias et al. 2008: 10).[12]

Ceballos (2009) betont, dass Sprache dazu diene, in Freundschaften Gefühle zu offenbaren. Wenn eine Sprache nicht beherrscht werde oder zumindest das Gefühl bestehe, sich nicht ausdrücken zu können, werde es schwierig, eine freundschaftliche Bindung zu einer fremdsprachigen Person aufzubauen. Besonders wichtig für die Entwicklung einer solchen Beziehung sei demnach Geduld, da die Kommunikation untereinander langsamer geschehe und mehr Zeit und Ruhe benötigt werde (vgl. Ceballos 2009: 40–41).

Gareis (1995) legt dar, dass es große Schwierigkeiten bei der Bildung einer Freundschaft geben könne, wenn einer der beiden potentiellen Freunde einer individualistischen Kultur (der Einzelne steht im Zentrum) angehöre und der andere einer kollektivistischen Kultur (die Gemeinschaft steht im Zentrum). Kulturelle Unterschiede können zu sozialer Isolation beitragen, während kulturelle Ähnlichkeit die interkulturelle Interaktion erleichtere (vgl. Gareis 1995: 50–51).

Ein weiteres Hindernis kann sich z. B. daraus ergeben, dass die Kontakte zu Studierenden aus dem Gastgeberland erst zu einem späteren Zeitpunkt entstehen, wenn sich bereits schon Freundschaften zwischen Landsleuten entwickelt haben. Eine mögliche Ursache hierfür kann in der Wohnsituation der Gäste gesehen werden, die oft gemeinsam untergebracht werden. Conacher (2008) sieht den Faktor *Unterkunft* sowohl als Unterstützung als auch als Hindernis bei der Eingliederung, da sozialer Kontakt vorwiegend in diesem Zusammenhang entstehe. So könnten durch gemeinsames Wohnen sowohl Freundschaften mit Einheimischen entstehen als auch mit anderen ERASMUS-Studierenden oder Landsleuten (vgl. Conacher 2008: 12).

Wenn die interkulturelle Annäherung durch Grundeinstellungen und ein negatives Prestige behindert wird, kann es zu einer Kontaktvermeidung kommen (vgl. Maletzke 1996: 172). In den Sozialwissenschaften werden diese „stark vereinfachten, klischeehaften Vorstellungen", die sich oft nur auf einzelne Besonderheiten beziehen, als *Stereotype* bezeichnet (ebd.: 109). Maletzke (1996) merkt an, dass oft vergessen werde, wie selektiv die eigene Wahrnehmung sei und dass Stereotype fast ausschließlich als korrekt wahrgenommen werden (vgl. ebd.: 110). Somit können auch Stereotype gegenüber der

---

[12] Weitere Faktoren, die das Entstehen interkultureller Freundschaften fördern, wurden in Kapitel 2.3.1 genannt.

fremden Kultur verhindern, dass sich interkulturelle Freundschaften im ERASMUS-Kontext bilden. Wenn beispielsweise ein spanischer Studierender denkt, dass Deutsche kalt und distanziert seien, kann dies dazu führen, dass er die Kontaktaufnahme mit ihnen schlichtweg umgeht und sich anderen zuwendet.

Budke (2003) nennt in einer Untersuchung mit 197 ERASMUS-Studierenden weitere Umstände, die die Entwicklung interkultureller Freundschaften behindern können:

- wenige Situationen für Kontaktaufnahme;
- Schüchternheit;
- Desinteresse;
- Distanziertheit der einheimischen Studierenden;
- Pech;
- keine Möglichkeit für Kontaktaufnahme (vgl. Budke 2003: 211).

Die von Budke (2003) genannten Aspekte können die Bildung von Freundschaften generell behindern oder aber speziell die interkulturellen Kontakte erschweren.

2.3.3 Nutzen von interkultureller Freundschaft

Interkulturelle Freundschaften, die im Rahmen von internationalen Studentenaustauschprogrammen entstehen, beeinflussen die allgemeine Zufriedenheit während des Auslandsaufenthalts, den akademischen Erfolg, das interkulturelle Wissen und das Fremdsprachgefühl (vgl. Gareis et al. 2011: 154). Daneben werden durch die Bildung interkultureller Freundschaften auch Stereotype abgebaut und das Verständnis fremder Kulturen gefördert (vgl. Hendrickson et al. 2011: 290).

In der Studie von Vaccarino und Dresler-Hawke (2011) wurden Studierende nach ihrer Einschätzung des Nutzens von interkulturellen Freundschaften befragt. Diese sehen kulturelle Unterschiede als eine besondere Herausforderung und einen Anreiz an, voneinander zu lernen über:

- Kultur;
- Ansichten;
- Hintergrund und Lebensweise;
- Essen, Lebensstil und Unterhaltung;
- Kommunikation und Sprache;

- neue Erfahrungen und Geschichten;
- Verständnis (vgl. Vaccarino/Dresler-Hawke 2011: 183).

Neben diesen individuellen Vorteilen für die Einzelperson können interkulturelle Freundschaften sicherlich auch einen Nutzen für die Allgemeinheit mit sich bringen. Speziell vom Programm ERASMUS erhofft man sich, dass es die einzelnen Länder näher zueinander bringt und damit den europäischen Zusammenhalt und die Einigung Europas fördert. Weltweit tragen Austauschprogramme zur Völkerverständigung bei und dienen letztendlich auch dem Weltfrieden.

2.4 Auslandsaufenthalt im Rahmen von Austauschprogrammen für Studierende

Auslandsaufenthalte spielen heutzutage sowohl in den Medien als auch für Arbeitgeber und für die Teilnehmer selbst eine immer wichtigere Rolle (vgl. Ehrenreich 2008: 29). „Aufenthalte in der Ferne bringen eine Vermehrung des Wissens und eine Erweiterung des Horizonts mit sich" (Maletzke 1996: 170). Im Hinblick auf die Gesamtbevölkerung sind es jedoch „nach wie vor [...] relativ kleine Gruppen", die einen Auslandsaufenthalt absolvieren (Ehrenreich 2008: 31). Nach Ehrenreich (2008) verbringen lediglich acht bis vierzehn Prozent der deutschen Studenten einen Teil ihres Studiums im Ausland (vgl. ebd.: 31). Isserstedt und Kandulla (2010) heben jedoch hervor, dass Deutschland nach den Vereinigten Staaten und Großbritannien als wichtigstes „Gastland für auslandsmobile Studierende" gelte (Isserstedt/Kandulla 2010: 9).

Im folgendem Kapitel werden die Ziele, Inhalte und Randbedingungen des ERASMUS-Programms, einem Austauschprogramm für Studierende, näher erläutert, da sich die empirische Untersuchung ausschließlich auf ERASMUS-Studierende und deren Freundschaftsbeziehungen konzentriert. In Kapitel 2.4.2 werden die Kontakte der ausländischen Gaststudierenden näher beschrieben, um im Hinblick auf die empirische Untersuchung (Kapitel 3) den aktuellen Forschungsstand der Beziehungen im ERASMUS-Aufenthalt darzulegen.

2.4.1 Beschreibung des ERASMUS-Programms

ERASMUS gilt als wichtigstes Bildungsprojekt der EU und ist ein Austauschprogramm für europäische Studierende, die für eine Dauer von drei bis zwölf Monaten an einer europäischen Partneruniversität studieren möchten (vgl. de Federico de la Rúa 2008:

89). Es wurde im Jahr 1987 mit dem Ziel initiiert, die studentische Mobilität in Europa zu verstärken; die Abkürzung „ERASMUS" steht für „European Community Action Scheme for the Mobility of University Students" und wird mit dem akademischen Reisenden Erasmus von Rotterdam assoziiert (Budke 2003: 30). Im Rahmen des Programms erhalten Studierende eine finanzielle Unterstützung, um die Mehrkosten des Auslandsaufenthalts zu decken (vgl. Teichler 2007: 109).

Ziel des ERASMUS-Programms ist nach Budke (2003) u. a. die Herausbildung europäischer Führungskräfte, um zum Erfolg der wirtschaftlichen Zusammenarbeit in der EU beizutragen. Des Weiteren sollen fachliche Kompetenzen und Wissen über kulturelle Gegebenheiten gefördert werden. Außerdem soll durch das ERASMUS-Programm das Gemeinschaftsgefühl der Europäer herausgebildet und akzeptiert werden (vgl. Budke 2003: 31–32). So liegt der Fokus auf der „Schaffung eines Europäischen Hochschulraums" und der „Förderung von Innovation in allen Teilen Europas" (Europäische Kommission 2013).

Die Akademischen Auslandsämter an deutschen Hochschulen koordinieren die institutionelle Zusammenarbeit zwischen den am ERASMUS-Programm teilnehmenden Hochschulen. Sie vermitteln *„zwischen dem Deutschen Akademischen Austauschdienst (DAAD), der deutschen Zentralstelle des Erasmusprogramms [sic] und den lokalen Universitätsleitungen, Universitätsverwaltungen, Fachbereichen, beteiligten Hochschulprofessoren und deutschen und ausländischen Studierenden"* (Budke 2003: 34). Daneben kümmern sich die Akademischen Auslandsämter um die Betreuung der ausländischen ERASMUS-Studierenden vor Ort. Dies geschieht in Zusammenarbeit mit den Fachbereichen, Professoren und lokalen Betreuungsinitiativen. Soziale Betreuungsmaßnahmen umfassen die Zimmervermittlung, Einführungsveranstaltungen, Ausflüge, Feiern und sonstige Unterstützung. Fachliche Betreuungsmaßnahmen umfassen Sprachkurse, gesonderte Kurse für ERASMUS-Studierende, Stundenplan- und ECTS[13]-Beratungen (vgl. ebd.: 34–35).

Der DAAD ist als Nationale Agentur für das ERASMUS-Programm zuständig (vgl. DAAD 2012). Im Jahr 2007 wurde das Projekt „Teil des Programms für lebenslanges

---

[13] ECTS steht für „European Credit Transfer and Accumulation System" und *"ist ein europaweit anerkanntes System zur Anrechnung, Übertragung und Akkumulierung von Studienleistungen. Es ist auf die Studierenden ausgerichtet und basiert auf dem Arbeitspensum, das diese absolvieren müssen, um die Ziele eines Studiengangs zu erreichen"* (Rektorenkonferenz der Schweizer Universitäten 2012).

Lernen[14] der EU und deckte neue Bereiche ab wie Unternehmenspraktika für Studenten […], Fortbildung für Hochschulmitarbeiter sowie die Lehrtätigkeit von Personen aus der freien Wirtschaft" (Europäische Kommission 2013). Weitere Teilprojekte des Programms für *Lebenslanges Lernen* (LLP) sind *Comenius* für die Schulbildung, *LEONARDO* für die Berufsbildung und *GRUNDTVIG* für die Erwachsenenbildung (vgl. DAAD 2012).

Nach Budke (2003) wird beim ERASMUS-Stipendium eine institutionelle Zusammenarbeit zwischen den beteiligten Hochschulen vorausgesetzt. Nach der Einführung des Hochschulvertrages 1997/1998 können Studierende nur an eine ausländische Hochschule gehen, die in Kontakt mit der Heimathochschule stehe. Somit gebe es für Studierende, deren Heimathochschule nur eine geringe Anzahl an Auslandskontakten habe, Einschränkungen in der Wahl des Gastlandes und der Austauschstadt (vgl. Budke 2003: 31).

2.4.2 Kontakte der Austauschstudierenden während des Auslandsaufenthalts

Nach de Federico de la Rúa (2008) schließen ERASMUS-Studierende innerhalb kurzer Zeit sehr viele Freundschaften, da sie weit entfernt von ihrer herkömmlichen Umgebung und ihren dortigen Familien und Freunden seien, Zeit hätten und auf der Suche nach Gesellschaft für den Alltag seien. So ersetzen sie ihr gewohntes Netzwerk an Kontakten durch ein neues. Die Kommunikation mit der Heimat nehme in vielen Fällen während des Auslandsaufenthalts enorm ab. In der Studie wurde zudem bekannt, dass ERASMUS-Studierende sich mit drei verschiedenen Arten von Menschen anfreunden: Einheimische, ERASMUS-Studierende gleicher Nationalität, ERASMUS-Studierende ungleicher Nationalität (vgl. de Federico de la Rúa 2008: 92). De Federico de la Rúa (2008) verglich Daten von ERASMUS-Studierenden verschiedener Universitäten und Jahrgänge (80 Studierende aus dem Jahr 1995/1996 und 161 aus dem Jahr 1999/2000) (vgl. ebd.: 91). Dabei fand sie heraus, dass lediglich ein kleiner Teil (17 Prozent) der Freunde von ERASMUS-Studierenden aus dem Gastland stamme; die übrigen Freunde (83 Prozent) seien Landsleute oder andere ERASMUS-Studierende (vgl. ebd.: 94). Eine ähnliche Studie führte Conacher (2008) durch. Trotz einer sehr hohen Motivation, gelang es den sechs befragten irischen ERASMUS-Studierenden nur teilweise, „sich zu

---

[14] Mehr Informationen zum Programm für lebenslanges Lernen unter:
http://ec.europa.eu/education/lifelong-learning-programme/doc78_en.htm

integrieren und möglichst viel Deutsch zu sprechen" (Conacher 2008: 11). Dies wird besonders in Tabelle 4 deutlich:

Student	Englische Muttersprachler	Deutsche Muttersprachler	Internationale Studierende (Deutschlerner)	% der Zeit, in der Deutsch gesprochen wurde
1	35%	55%	10%	60%
2	60%	10%	30%	60%
3	50%	15%	35%	40%
4	50%	45%	5%	50%
5	30%	35%	35%	60%
6	70%	20%	10%	40%

Tabelle 4: Bekanntenkreis von ERASMUS-Studierenden (in Anlehnung an Conacher 2008: 11)

So sprach keiner der Studierenden „mehr als 60% der Zeit Deutsch" (ebd.: 11). Nur etwas mehr als die Hälfte der Freundschaften entstanden zu deutschen Muttersprachlern (vgl. ebd: 11).

Auch Gareis et al. (2011) betonen, dass internationale Studierende während ihres Auslandssemesters oft weniger Freunde aus dem Gastland als aus dem eigenen Land oder anderen Ländern hätten (vgl. Gareis et al. 2011: 154). Dies wird auch durch Budke (2003) bestätigt. Während ihres Aufenthalts in Deutschland seien viele Austauschstudierende hauptsächlich mit anderen ERASMUS-Studierenden befreundet und hätten ihrer Meinung nach nicht ausreichend Kontakt zu deutschen Studierenden (vgl. Budke 2003: 209). De Federico de la Rúa (2003) merkt an, dass ERASMUS-Studierende während ihres Auslandssemesters ihre Zeit hauptsächlich mit anderen ERASMUS-Studierenden verbringen würden, obwohl diese in den Wohnheimen der Universität in der Minderheit seien (vgl. de Federico de la Rúa 2003: 29). So waren nach einer Studie dieser Autorin aus dem Jahr 2002 mehr als die Hälfte (62 Prozent) der 218 befragten ERASMUS-Studierenden während ihres Auslandssemesters mit Landesgenossen befreundet (vgl. de Federico de la Rúa 2002: 12).

Als Gründe für die schlechte Integration hebt de Federico de la Rúa (2008) hervor, dass Studierende aus dem Gastland bereits ihren bestehenden Freundeskreis hätten und weniger interessiert an einer Freundschaft mit ERASMUS-Studierenden seien, da diese nur für eine begrenzte Zeit in ihrem Land seien. Zudem würden sich alle ausländischen Programmstudierenden in derselben Situation befinden und müssten sich erst an die Gepflogenheiten der neuen Kultur gewöhnen (vgl. de Federico de la Rúa 2008: 94). Conacher (2008) vermutet, dass die Teilnehmer des ERASMUS-Programms sich durch „die Notwendigkeit, sich integrieren zu müssen", sich „unvermeidlich zueinander hingezogen" fühlen würden (Conacher 2008: 13).

Auch Vaccarino und Dresler-Hawke (2011) deuten an, dass viele einheimische Studierende es bevorzugen, sich mit Landsleuten anzufreunden, da sie keine neuen Lebensweisen kennen lernen möchten (Vaccarino/Dresler-Hawke 2011: 184). Nach de Federico de la Rúa (2008) scheitere das ERASMUS-Programm zwar daran, enge Beziehungen mit einheimischen Studierenden herzustellen, es trage aber dennoch sehr erfolgreich zum internationalen Austausch bei (vgl. de Federico de la Rúa 2008: 96).

Gareis (2011) befragte 127 nicht-englischsprachige Studierende in den Vereinigten Staaten. Die Studie ergab, dass die Studenten weniger amerikanische Freunde als Freunde aus dem Heimatland oder anderen Kulturen haben. Zudem sind sie weniger zufrieden mit der Anzahl und Qualität der amerikanischen Freunde als mit der Anzahl und Qualität der Freunde aus dem Heimatland oder anderen Kulturen (vgl. Gareis et al. 2011: 164). Hendrickson et al. (2011) befragten 84 Studierende aus 32 verschiedenen Ländern. Die Ergebnisse der Untersuchung zeigen, dass Studenten mit mehr Freunden aus dem Gastland zufriedener und glücklicher sind, sowie weniger Heimweh hätten als Studierende mit mehr aus dem Heimatland stammenden Freunden (vgl. Hendrickson et al. 2011: 290).

Ferner ergab die Studie von de Federico de la Rúa (2003), dass die Tendenz bei ERASMUS-Studierenden bestehe, Freundschaften durch die Freunde von Freunden zu erweitern (vgl. ebd.: 39).

Budke (2003) befragte 197 ERASMUS-Studierende an sechs verschiedenen deutschen Universitäten, nachdem diese bereits durchschnittlich fünf Monate in Deutschland verbracht hatten. 65 Prozent der Befragten schätzen ihren Kontakt zu Studierenden aus dem Gastland Deutschland als zu gering ein. Sie nennen mehr „externe" Faktoren für den seltenen Kontakt, d.h. Faktoren, die sie selbst kaum verändern können, als „interne" Faktoren, d.h. Faktoren, die sie selbst zu verantworten haben (vgl. Budke 2003: 210–211). Abbildung 3 zählt diese Gründe für seltene Kontakte zu deutschen Studierenden auf:

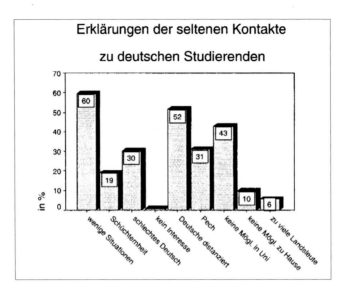

Abbildung 3: Erklärungen der seltenen Kontakte zu deutschen Studierenden
(Budke 2003: 211)

Die in Abbildung 3 aufgeführten Gründe können – unabhängig von der Nationalität – generell als Erklärung für seltene Kontakte von ERASMUS-Studierenden zu Einheimischen verstanden werden.[15] Die genannten Punkte können allerdings auch eine Ausrede der Studierenden sein, um die Verantwortung für das Nichtzustandekommen von Kontakten von sich zu weisen.

Daneben erläutert Budke (2003) die Angst vieler Befragter, dass Deutsche nicht so positiv auf die Kontaktaufnahme reagieren würden. So würden sie diese nur in solchen Fällen ansprechen, „bei denen sie sich der positiven Reaktion der deutschen Studierenden sicher sein können" (ebd.: 314). Außerdem hätten die Befragten die Befürchtung, dass ihre eigenen Landsleute in Folge der Kontaktaufnahme zu deutschen Studierenden sie weniger sympathisch fänden (vgl. ebd.: 214). Diese Szenarien lassen sich auch auf andere Staatsangehörigkeiten übertragen und beziehen sich nicht zwangsläufig auf die deutsche Kultur.

---

[15] In Kapitel 2.3.2 wurde bereits auf Hindernisse bei der Entwicklung interkultureller Freundschaften eingegangen.

Budke (2003) bemerkt, dass ERASMUS-Studierende mit häufigem Kontakt zu deutschen Studenten dies mit ihrer eigenen Offenheit und Kontaktinitiative begründen. Dadurch versuchen sie vermutlich, sich selbst ins positive Licht zu rücken und ihr Selbstwertgefühl zu stärken. Fehlende Kontaktmöglichkeiten und das Desinteresse der Deutschen hingegen nennen ERASMUS-Studierende als Grund für wenig Kontakt. Sie vermeiden dadurch scheinbar die Selbstverantwortung für den Misserfolg und schützen ihr Selbstwertgefühl (vgl. ebd.: 225). In Abbildung 4 sind die Erklärungen der häufigen Kontakte zu deutschen Studierenden nach Budke (2003) dargestellt:

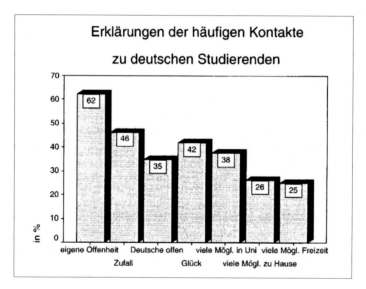

Abbildung 4: Erklärungen der häufigen Kontakte zu deutschen Studierenden (Budke 2003: 221)

Generell gilt aber, dass es – unabhängig von der Nationalität – deutlich weniger Kontakte von ERASMUS-Studierenden zu Einheimischen gibt als zu Landsleuten oder anderen ausländischen Studenten.

3 Empirische Untersuchung

Um die Grundlagen der Analyse zu erläutern, wird zunächst das Erhebungsinstrument (Kapitel 3.1) vorgestellt und im Anschluss daran die Auswahl der Probanden (Kapitel 3.2) dargelegt. Danach folgt eine Darstellung der Durchführung der Interviews (Kapitel 3.3) und der Transkription (Kapitel 3.4). Das Kapitel schließt mit der Beschreibung der Auswertungsmethode ab (Kapitel 3.5).

In der wissenschaftlichen Forschung wird zwischen quantitativen und qualitativen Methoden unterschieden. Quantitative Methoden stellen konkrete Hypothesen über soziale Sachverhalte auf und überprüfen diese mit Hilfe von Variablen; qualitative Untersuchungen hingegen beschäftigen sich mit kleineren Fallzahlen und beabsichtigen Theorieaussagen anhand empirischer Daten zu generieren (vgl. Brüsemeister 2008: 19).

In der vorliegenden Untersuchung wurde mit qualitativen Methoden gearbeitet, da qualitative Forschung „in ihren Zugangsweisen zu den untersuchten Phänomenen häufig offener und dadurch ‚näher dran' als andere Forschungsstrategien" ist (Flick et al. 2012: 17). Qualitative Forschung geht davon aus, dass die Wirklichkeit subjektiv vom Studienteilnehmer konstruiert wird (vgl. ebd.: 23).

Ziel dieser Studie ist es, die Entwicklung von Freundschaften im Rahmen des ERASMUS-Austauschprogramms zu untersuchen. Als Erhebungsinstrument wurde das narrative Interview als „Spezialform des qualitativen Interviews" ausgewählt (Lamnek 2005: 357).

3.1 Das narrative Interview als Erhebungsinstrument

Das narrative Interview wurde von Fritz Schütze in den 1970er Jahren im Rahmen einer Untersuchung über Gemeindezusammenlegungen konzipiert (vgl. Rosenthal 2011: 151). Es entstand während eines Projektes „zur Analyse kommunaler Entscheidungsprozesse und Machtstrukturen" (Flick 2011: 228) und wurde ins Leben gerufen, um Wissen über die grundlegenden Kommunikationsstrukturen zu erheben (vgl. Przyborski/Wohlrab-Sahr 2010: 93). In den 1980er Jahren entwickelte Schütze das narrative Interview im Rahmen der Biographieforschung mit dem Ziel weiter, eine Erzählung des gesamten Lebenslaufs zu generieren (vgl. Rosenthal 2011: 152). Da es sich beim ERASMUS-Auslandsaufenthalt um einen Teilabschnitt der Lebensgeschichte handelt, der im Hinblick auf die Entstehung und Entwicklung von interkulturellen Freundschaften relevant erscheint, liegt es nahe, das narrative Interview als Erhebungsinstrument auszuwählen.

Bei dieser Untersuchungsmethode handelt es sich nach Glinka (1998) um eine besondere Form des offenen Interviews, in der der Befragte seine eigenen Erlebnisse als Geschichte erzählt. In einer Stegreiferzählung werden Ereignisabläufe wiedergegeben, die die „lebensgeschichtlichen, alltäglichen, situativen und/oder kollektiv-historischen" Erlebnisse des Befragten erzählen (Glinka 1998: 9). Eine Erzählung ist eine Form der Selbstdarstellung, da der Erzähler selbst entscheiden kann, in welcher Art er sie gestaltet, d.h. ob sie eher aufbauschend oder auf das Notwendigste reduziert ist oder gar Teile ausgelassen werden (vgl. Keupp et al. 2008: 209).

Nach Flick (2011) erhält man durch Erzählungen einen detaillierten und geordneten Einblick in die Erlebnisse der Befragten (vgl. Flick 2011: 227). Przyborski und Wohlrab-Sahr (2010) postulieren, dass sich narrative Interviews für Erzählungen eignen – allerdings lediglich von selbst erlebten Prozessen. Das Erzählen sei diejenige Darstellungsform, „die – im Vergleich zum Beschreiben oder Argumentieren – der kognitiven Aufbereitung der Erfahrung am meisten entspricht" (Przyborski/Wohlrab-Sahr 2010: 96). Auch Rosenthal (2011) weist darauf hin, dass mit Hilfe narrativer Interview, die Erlebnisse der Interviewten rekonstruiert werden (vgl. Rosenthal 2011: 152).

> *„Der Befragte wird nicht in distanzierter Weise zu einem Geschehen und seinem Handeln befragt, sondern wird zum Wiedererleben eines vergangenen Geschehens gebracht und dazu bewegt, seine Erinnerung daran möglichst umfassend in einer Erzählung zu reproduzieren."* (Küsters 2009: 21)

Narrative Interviews sind relativ aufwendig, da sie bei der Erhebung von Daten und deren Auswertung strengen Regeln folgen (vgl. Brüsemeister 2008: 99). In der sogenannten *Aushandlungsphase* zu Beginn des Interviews wird nach Scholl (2009) das Untersuchungsthema vorgestellt und über die Erzählthematik abgestimmt. Der Ablauf des Interviews werde kurz erläutert und der Befragte solle dazu angeregt werden, seine Erlebnisse zu erzählen (vgl. Scholl 2009: 63). Vor dem Interview soll „die Vertrauensbeziehung aufgebaut [werden], die es dem Erzähler im Interview erlaubt, sich ohne Misstrauen dem Erzählfluss zu überlassen" (Küsters 2009: 54). Zu Beginn des narrativen Interviews wird nach Küsters (2009) eine *Einstiegsfrage* gestellt, die den Befragten dazu bringen soll, mit seiner Erzählung zu beginnen. Dieser *Erzählstimulus* müsse genau überlegt und formuliert sein, da die Interviewten ihn normalerweise sehr ernst nehmen und auf die genaue Wortwahl achten (vgl. ebd.: 44). Auch Flick (2011) betont die Wichtigkeit der Einstiegsfrage, die genau so gewählt werden müsse, dass eine Erzählung entstehe, die für die Fragestellung relevant sei. Die Einstiegsfrage müsse dabei auf der einen Seite so weit formuliert sein, dass eine möglichst umfassende Erzählung zu Stande komme, die jedoch andererseits von einer präzisen Orientierung an der Fragestellung geprägt sein müsse (vgl. Flick 2011: 229). Am Beispiel der untersuchten interkulturellen ERASMUS-Freundschaften ist es demzufolge als sinnvoll zu erachten, einen Erzählzeitraum zu wählen, der dem des erlebten Auslandsaufenthalts entspricht und ein wenig darüber hinaus geht. So erkennt auch Küsters (2009), dass es Ziel des Stimulus sei, die interviewte Person zu der Erzählung eines zeitlich beschränkten Ereignisablaufs zu bringen; dies könne beispielsweise die Erzählung der Lebensgeschichte, eines Lebensabschnitts oder eines anderen Vorgangs sein, an dem der Befragte teilnahm (vgl. Küsters 2009: 55).

Während der Erzählung darf der Interviewer längere Pausen nicht unterbrechen, da dies eine Voraussetzung für das narrative Interview darstellt und sich somit besonders von der alltäglichen Kommunikation unterscheidet (vgl. Küsters 2009: 59). Nach Bernart und Krapp (2005) sollte der Interviewführer sich an seine Aufgaben halten, denn der Interviewte sei „Experte seiner eigenen Lebenswelt" (Bernart/Krapp 2005: 37).

> *„Der Interviewer beschränkt sich darauf, das Erzählen selbst zu bestärken und in Gang zu halten: durch ‚Hm'-Sagen, Nicken, das Halten des Blickkontaktes (es sei denn, man bemerkt, dass es den Erzähler stört, dann schaut man allenfalls diffus in seine Richtung). Der Interviewer muss erzählanregend schweigen."* (Küsters 2009: 58)

Auch Flick (2011) hebt hervor, wie wichtig es sei, den Erzählenden nicht durch Fragen oder Zwischenbemerkungen zu unterbrechen, damit dieser nicht aus seinem Erzählfluss gebracht werde (vgl. Flick 2011: 230).

Nach Schütze (1983) folgt der Erzählaufforderung die *autobiographische Anfangserzählung*, deren *tangentielles Erzählpotential* anschließend durch Nachfragen ausgereizt werde, sobald die Anfangserzählung durch einen Erzählschlusssatz (z.B.: „Ja, so war das.") abgeschlossen sei (vgl. Schütze 1983: 285). Auch Küsters (2009) spricht davon, dass die Haupterzählung meist mit einem Schlusssatz ende, der sogenannten Koda. Anschließend habe der Interviewer die Gelegenheit, seine Notizen zu ausgelassenen Passagen und Unstimmigkeiten in der Erzählung durch *immanentes Nachfragen* anzusprechen und den Interviewten um eine ausführliche Erzählung zu bitten (vgl. Küsters 2009: 60–61). Sind alle sich aus der Erzählung ergebenden immanenten Fragen beantwortet, kann der Interviewer weitere *exmanente* Fragen stellen:

> *„Der Interviewer kann nun auch selber Themen ins Interview einbringen und den Erzähler auch zu Beschreibungen und Argumentationen auffordern."* (Küsters 2009: 63)

Schütze (1983) weist darauf hin, dass der Erzähler in der Phase des *exmanenten Nachfragens* aufgefordert werde, Zustände, immer wiederkehrende Abläufe und Zusammenhänge zu beschreiben (vgl. Schütze 1983: 285).

Die Methode des narrativen Interviews unterliegt einer Reihe von Besonderheiten und Zwängen. Hopf (2012) stellt heraus, dass „die Erzählungen stärker an konkreten Handlungsabfolgen und weniger an den Ideologien und Rationalisierungen der Befragten orientiert sind" (Hopf 2012: 357). Man erwartet, dass Interviewte, die frei erzählen, auch Erinnerungen und Gedanken offenbaren, die sie bei direkter Befragung verschweigen würden (vgl. ebd.: 357).

Sobald der Interviewte mit seiner Erzählung angefangen hat, ist er in gewisser Weise einem Erzählzwang ausgesetzt, der dazu führt, dass er ausgiebig über Ereignisse und gemachte Erfahrungen berichtet (vgl. Flick 2011: 231). Diese Richtlinien der formalen Struktur von Stegreiferzählungen werden auch als *Zugzwänge des Erzählens* deklariert und von Bohnsack (2010) wie folgt zusammengefasst:

- *„Gestaltschließungszwang: Auch ohne jedwede eigene Vorabkenntnis des in einer Erzählung inhaltlich Dargestellten verfügen wir [...] über die Kompetenz, darüber entscheiden zu können, ob eine Erzählung oder Teilerzählung abgeschlossen – d.h. ihre ‚Gestalt geschlossen' – ist oder nicht.*

- *Relevanzfestlegungs- und Kondensierungszwang: Da die Erzählzeit begrenzt ist [...], muss er [(der Erzähler/Interviewte)] sich [...] auf das Wesentliche beschränken – dennoch aber die Gestalt schließen. Er muss also die Erzählung und ihre Teilerzählungen entsprechend verdichten, kondensieren.*

- *Detaillierungszwang: Ist der Erzähler erst einmal auf bestimmte biographisch relevante Ereignisse zu sprechen gekommen, so ist er zum Zwecke der Plausibilisierung des Geschehenen und um das Geschehene in den Fortlauf der Erzählung plausibel einfügen zu können, bisweilen dazu 'gezwungen', detaillierter auf den Kontext der angesprochenen Ereignisse einzugehen."* (Bohnsack 2010: 93)

Nach Flick (2011) werden durch diese Zwänge auch brisante Gesprächsthemen angesprochen, die in anderen Arten der Konversation so nicht auftreten. So diene der *Gestaltschließungszwang* dazu, „eine einmal begonnene Erzählung" zu beenden (Flick 2011: 231). Daneben sorge der *Kondensierungszwang* dafür, die Erzählung auf das „Notwendigste" zu reduzieren (ebd.: 231). Zusätzliche und für die Gesamterzählung unverzichtbare Informationen werden schließlich durch den *Detaillierungszwang* in die Erzählung mit eingebunden (vgl. ebd.: 231).

Flick (2011) gibt zu bedenken, dass es auch Schwierigkeiten bei der Durchführung von narrativen Interviews geben könne wie z.B. Missverständnisse über die Vorstellungen der jeweiligen Aufgaben des Interviewers und des Erzählers. Daneben sei die Form des Erzählens nicht für jeden Befragten die angemessene Methode, da nicht jeder Mensch gleichermaßen dazu befähigt sei (vgl. ebd.: 234–235). Einerseits impliziert die Aussage Flicks somit, dass eher zurückhaltende Menschen beispielsweise weniger offen und nicht in der Lage sein könnten, sehr ausführlich zu erzählen. Andererseits könnte auch jemand zum Abschweifen vom Thema neigen und zu detailliert auf für die Forschungsfrage irrelevante Aspekte eingehen. Um brauchbare Informationen herauszufiltern, erfordert die Analyse der Interviews ggf. etwas mehr Aufwand als normalerweise.

Wie bereits angesprochen eignen sich narrative Interviews für die Erzählung von Lebensgeschichten und so auch für Auslandsaufenthalte im Rahmen des ERASMUS-Programms als Teilabschnitt des Lebenslaufs. Aufgrund der dargelegten Verwendungsmethoden kann das narrative Interview als geeignetes Verfahren für die in dieser Studie angestrebte Untersuchung interkultureller Freundschaften angesehen werden. Erwartet werden Erkenntnisse über die Erfahrungen der Teilnehmer bei internationalen Austauschprogrammen, insbesondere Details bei der Gestaltung und der Wahrnehmung des Auslandsaufenthalts im Hinblick auf die Entwicklung von interkulturellen Freundschaften.

3.2 Auswahl der Probanden

Für die Durchführung der Studie wurden nur wenige Teilnehmer ausgewählt, da narrative Interviews sehr ausführlich ausfallen können und ihre Transkription und Auswertung im Gegensatz zu Leitfaden-Interviews sehr zeitaufwendig ist (vgl. Küsters 2009: 40). Aber auch mit einer detaillierten Analyse der wenigen Probanden können relevante und aussagekräftige Erkenntnisse gewonnen werden.

Die Auswahl der Probanden wurde nach bestimmten Kriterien vorgenommen. Zunächst einmal wurde entschieden, das Interview in der Muttersprache der Interviewteilnehmer durchzuführen, da die Erzählungen in einer Fremdsprache weniger ausführlich oder aufgrund von Sprachbarrieren schwer zu interpretieren sein könnten. Flick (2011) sieht es in Anlehnung an Matthes (1984) als problematisch an, narrative Interviews in nichtwestlichen Kulturkreisen durchzuführen, weil es dabei Unterschiede in den vorhandenen Erzählschemata gebe (vgl. Flick 2011: 235). Auch innerhalb Europas (und somit im Rahmen des ERASMUS-Programms) gibt es sicherlich Unterschiede in den Erzählstrukturen. Lamnek (2005) weist darauf hin, dass es bei der Befragung von kulturell unterschiedlichen Personen zu Problemen kommen könne, wenn die Erzählaufforderung für alle Interviewten dieselbe sei und diese von ihnen unterschiedlich verstanden werde. Eine Anpassung der Einstiegsfrage an die jeweilige sprachliche Ausdrucksweise sei deshalb elementar (vgl. Lamnek 2005: 361). Dies würde jedoch den Rahmen dieser Studie sprengen. Auch wegen der besseren Vergleichbarkeit der Interviews wurde darauf geachtet, dass alle Interviews in derselben Sprache durchgeführt werden. Dies ist ein weiterer Grund, weshalb sich die in dieser Studie vorliegende Untersuchung ausschließlich auf eine Nationalität beschränkt. Da deutsche ERASMUS-Studierende einen sehr großen Anteil unter den europäischen Programmstudierenden ausmachen und sie für die Autorin zudem aufgrund ihrer Muttersprache Deutsch sehr leicht zugänglich sind, wird sich in dieser Untersuchung auf diese Zielgruppe beschränkt.

Eine weitere Voraussetzung für die Teilnahme an der Untersuchung war, an einer deutschen Universität immatrikuliert zu sein und im Rahmen des ERASMUS-Programms bereits ein Auslandsstudium an einer europäischen Partneruniversität absolviert zu haben. Für die Untersuchung ist es dabei nicht relevant, in welchem Land die Teilnehmer studiert haben und ob sie ein oder zwei Semester am ERASMUS-Programm teilgenommen haben.[16]

Die Interviewten wurden größtenteils aus dem Bekanntenkreis der Autorin ausgewählt, da sich hier zahlreiche ehemalige und mit einem großen Erfahrungsschatz ausgestattete Probanden befanden. Außerdem fand sich im Bekanntenkreis einer Probandin ein weiterer geeigneter Interviewpartner. Die Kontaktaufnahme zu den Interviewten erfolgte dabei sowohl mündlich als auch schriftlich. Bei der Auswahl der Probanden wurde zudem darauf geachtet, dass beide Geschlechter ungefähr gleich stark vertreten sind. Insgesamt wurden sechs Interviewpartner ausgewählt (drei Männer und drei Frauen).

Im Rahmen der empirischen Untersuchung findet in Kapitel 4.1 eine Kurzvorstellung der Interviewpartner statt, ohne Rückschlüsse auf die Identität der Personen zuzulassen.

3.3 Durchführung der Interviews

Fünf Gespräche fanden bei den Erzählern zu Hause statt und eins wurde bei der Interviewerin durchgeführt. Alle Interviews wurden mit einem digitalen Diktiergerät aufgezeichnet und durch ein Gesprächsinventar bzw. Interviewprotokoll (siehe Anhang A) ergänzt. Während des Interviews machte sich die Interviewführerin auf besagtem Gesprächsinventar Notizen, auf die sie in der Nachfragephase zurückgriff.

Der Interviewverlauf stellte sich wie folgt dar:

1. Begrüßung, Smalltalk;

2. Einverständniserklärung und Erläuterungen zum Verlauf des narrativen Interviews;

3. Beginn der Aufzeichnung und des formalen Interviewteils durch den Erzählstimulus[17];

4. Formaler Interviewteil (Kapitel 3.1);

5. Ende der Aufzeichnung, weitere Themenvertiefung;

6. Erhebung soziodemographischer Daten;

7. Smalltalk, Verabschiedung.

---

[16] Im Rahmen des ERASMUS-Programms können die Austauschstudierenden wählen, ob sie ein oder zwei Semester an der fremden Hochschule studieren möchten.

[17] Der Wortlaut der Erzählaufforderung ist in Anhang B nachzulesen.

Im Vorfeld des Interviews wurde den Teilnehmern eine Einverständniserklärung vorgelegt, um die Aufbewahrung und Nutzung der Aufnahmen bis zur Fertigstellung dieser Studie zu autorisieren. In dieser Einverständniserklärung wurde den Teilnehmern versichert, dass ihre Interviews und Daten absolut vertraulich behandelt werden, alle personenbezogenen Angaben pseudonymisiert werden und somit kein Rückschluss auf die Person möglich sei.

Das erste durchgeführte Interview wurde aufgrund seiner Kürze und da einige Vorgaben für das Gelingen des narrativen Interviews (Kapitel 3.1) von Interviewerseite nicht eingehalten wurden, nicht mit in die Analyse einbezogen und als Pre-Test deklariert, sodass letztendlich fünf Interviews transkribiert und analysiert wurden (zwei Männer und drei Frauen).

3.4 Transkription

Da bei der Protokollierung von Interviews bzw. dem Anfertigen von Gedächtnisprotokollen leicht Informationen verloren gehen können (vgl. Gläser/Laudel 2009: 192), wird im Rahmen dieser Untersuchung auf die Methode der digitalen Aufzeichnung mit anschließender Transkription der Audiodateien zurückgegriffen.

Kowal und O'Connell (2012) definieren den Transkriptionsbegriff als „die graphische Darstellung ausgewählter Verhaltensaspekte von Personen, die an einem Gespräch (z. B. einem Interview oder einer Alltagsunterhaltung) teilnehmen" (Kowal/O'Connell 2012: 438). Transkripte erweitern Audio-Dateien und dienen nicht dazu, sie zu substituieren (vgl. ebd.: 438). Für die angestrebte Untersuchung werden jedoch ausschließlich die transkribierten Interviews verwendet.

Ludwig-Mayerhofer (1999) bezeichnet den Transkriptionsbegriff als „Verschriftlichung menschlicher Kommunikation, meist auf der Grundlage von Tonband- oder anderen Aufzeichnungen" (Ludwig-Mayerhofer 1999). Dabei könne es Unterschiede in der Ausführlichkeit des Transkripts geben (vgl. ebd.).

Die vorliegende Studie wurde in Anlehnung an das GAT-Basistranskript nach Selting et al. (1998) transkribiert (siehe Anhang C). Zur besseren Lesbarkeit wurden Kommata und Punkte gesetzt. Nach einer ersten Verschriftlichung des Interviewmaterials mit Hilfe der Transkriptionssoftware f4[18] wurden die Audiodateien erneut angehört, um zu gewährleisten, dass das Transkript fehlerfrei ist. Dabei wurde darauf geachtet, dass alle Interviews vollständig transkribiert sind.

Um keine Zuordnung der Aussagen zu konkreten Personen zu ermöglichen, wurden im Anschluss alle personenbezogenen Angaben wie genannte Namen und Orte pseudonymisiert. Die Befragten wurden mit den Kürzeln *B1* bis *B5* versehen und die Interviewerin mit dem Kürzel *I*.

Das Transkript stellt die Basis der empirischen Analyse dar (vgl. Bernart/Krapp 2005: 42), auf die im folgenden Abschnitt eingegangen wird.

3.5 Textanalyse nach Deppermann/Lucius-Hoene

Für die Auswertung der narrativen Interviews wurde die Textanalyse von Lucius-Hoene und Deppermann (2004) ausgewählt, die dafür gedacht ist, aus narrativen Interviews Identitäten zu rekonstruieren (vgl. Lucius-Hoene/Deppermann 2004: 9–10). Wenn man nun den Freundschaftsbegriff als *Teilidentität* der Persönlichkeit ansieht, so lässt sich die Verwendung dieses Verfahrens zur Identifizierung des spezifischen Persönlichkeitsmerkmals *Freundschaft* rechtfertigen.

Das Verfahren nach Lucius-Hoene und Deppermann (2004) beginnt zunächst mit der Erstellung einer Grobstruktur des Interviewtexts. Im Anschluss daran folgt die Analyse kleiner Ausschnitte durch „pragmatisch-rhetorische Feinarbeit" (ebd.: 317). Ziel ist es dabei, aus den diversen Interviews, die im Erzählcharakter geführt wurden, diejenigen signifikanten Aussagen herauszufiltern, die relevante Antworten auf die gegebene Fragestellung (Entstehung und Weiterentwicklung von interkulturellen Freundschaften am Beispiel des ERASMUS-Programms) liefern. Die transkribierten und pseudonymisierten Interviews dienen hier als textliche Grundlage für die Analyse.

In Abbildung 5 wird die Vorgehensweise der Textanalyse dargestellt:

---

[18] Mehr Informationen zur Transkriptionssoftware f4 unter: http://www.audiotranskription.de/f4.htm

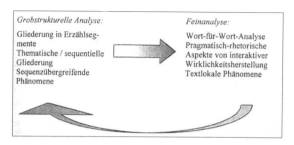

Abbildung 5: Von der Grobstruktur zur Feinanalyse (Deppermann/Lucius-Hoene 2004: 317)

Im ersten Schritt wird der Text in einzelne Segmente aufgeteilt, um die narrative Gliederung aufzudecken. So lassen sich Zusammenhänge, Sprünge, Wiederaufnahmen und Untergliederungen im Verlauf der Erzählung besser erkennen (vgl. ebd.: 318). Bei der Segmentierung ist ein wichtiges Augenmerk auf die Segmentgrenzen zu legen „d. h. Markierungen der Eröffnung und Beendigung von Abschnitten und des Übergangs zwischen ihnen" (ebd.: 318). So werden von Texteinheiten mit thematischen, Ereignis- oder Handlungsabschnitten Grenzen bestimmt und im Anschluss Subsegmente innerhalb der längeren Segmente aufgedeckt (vgl. ebd.: 318).

Im nächsten Schritt werden Abschnitte für die Feinanalyse ausgewählt, um signifikante Aussagen der interviewten Personen zusammenzutragen (vgl. ebd.: 319). Dabei wird zunächst nach Aussagen gesucht, die explizit im Klartext des Interviews vorliegen, also direkt so von der interviewten Person ausgedrückt worden sind und keiner weiteren Interpretation bedürfen.

Um die Feinanalyse zu vervollständigen, müssen danach diejenigen Textpassagen interpretiert werden, die versteckte Informationen enthalten. Hierbei ist die Beantwortung folgender Fragen hilfreich:

- *„Was wird dargestellt (=explikative Paraphrase)?*
- *Wie wird es dargestellt?*
- *Wozu wird das dargestellt – und nicht etwas anderes?*
- *Wozu wird es jetzt dargestellt – und nicht zu einem anderen Zeitpunkt?*
- *Wozu wird es so dargestellt – und nicht in einer anderen Art und Weise?"* (ebd.: 321)

Lucius-Hoene und Deppermann (2004) stellen folgende Leitfrage für die Feinanalyse: „Wie wird in dieser Passage narrative Identität hergestellt?" (ebd.: 321). Für diesen Analyseschritt spielt das Konzept der Positionierung eine wichtige Rolle (vgl. ebd.: 321). Die Autoren beschreiben den Positionierungsbegriff wie folgt:

> „'Positionierung' beschreibt, wie sich ein Sprecher in der Interaktion mit sprachlichen Handlungen zu einer sozial bestimmbaren Person macht, eben eine ‚Position' für sich herstellt und beansprucht und dem Interaktionspartner zu verstehen gibt, wie er gesehen werden möchte (Selbstpositionierung). Ebenso weist er mit seinen sprachlichen Handlungen dem Interaktionspartner eine soziale Position zu und gibt ihm damit zu verstehen, wie er ihn sieht (Fremdpositionierung)." (Lucius-Hoene/ Deppermann 2004: 62)

Da es in diesem Zusammenhang um die persönlich geäußerten Meinungen und Einschätzungen der Interviewpartner zum Freundschaftsbegriff geht, tragen diese Informationen für jede einzelne befragte Person auch zu ihrem individuellen Persönlichkeitsbild bei. Sofern entsprechende Äußerungen vorliegen, werden sie in die Kurzvorstellung der Befragten mit eingearbeitet (Kapitel 4.1).

Es ist naheliegend, dass sich bei der Befragung verschiedener Personen einige der Aussagen wiederholen oder zumindest sehr ähnlich ausfallen. Deshalb erscheint es angebracht, die Ergebnisse gemeinsam für alle Befragten zu erarbeiten. Es ist nicht die Absicht, die einzelnen Personen zu charakterisieren (im Gegensatz zur Rekonstruktion von Identitäten). Vielmehr sollen Aussagen, Erkenntnisse, Erfahrungen und Meinungen zur interkulturellen Freundschaft zusammengetragen und durch die zugehörige Zitierung der Probanden belegt werden. Eine entsprechende Auswertung über alle interviewten Personen ergibt dann ein Bild über die Entstehung und weitere Entwicklung von Freundschaften durch das ERASMUS-Programm. Das ist wesentlicher Inhalt und Ergebnis dieser Untersuchung und soll Antwort geben auf die folgenden Fragen:

- Wie entstehen interkulturelle Freundschaften?
    - Kennenlernen, Kontaktauswahl
    - Näherkommen während des ERASMUS-Aufenthalts

- Wie wird interkulturelle Freundschaft lebendig gehalten?
  Was führt dazu, dass Freundschaften erlöschen?

- virtuelle Kontakte (*Facebook*, E-Mail, Skype, Telefon)
- reale Kontakte (gegenseitige Besuche)

Bei allen zugehörigen Fragestellungen ist grundsätzlich zu unterscheiden zwischen:

- positiven Faktoren (freundschaftsbildend, -erhaltend, -vertiefend)
- negativen Faktoren (freundschaftsverhindernd, -belastend, -zerstörend)

4 Darstellung und Interpretation der Ergebnisse

In diesem Kapitel werden zunächst die verschiedenen Segmenttypen vorgestellt, die sich als Ergebnis der Grobanalyse herauskristallisiert haben. Anschließend folgt eine Kurzpräsentation der Interviewpartner und deren Positionierung zum Freundschaftsbegriff (Kapitel 4.1). In Kapitel 4.2 wird näher auf die Phase des Kennenlernens und der Kontaktaufnahme eingegangen und in Kapitel 4.3 wird die Entwicklung der Beziehungen *während* des ERASMUS-Aufenthalts beschrieben. Im Anschluss wird die weitere Entwicklung der Beziehungen *nach* dem ERASMUS-Aufenthalt (Kapitel 4.4) dargelegt und zum Schluss folgt eine Zusammenfassung der Analyseergebnisse (Kapitel 4.5).

Unter Verwendung des in Kapitel 3.5 beschriebenen Verfahrens nach Lucius-Hoene und Deppermann (2004) lassen sich bezüglich der vorliegenden Aufgabenstellung (nämlich der Identifizierung und Zusammenstellung von geäußerten Erfahrungen und Meinungen zu interkulturellen Freundschaften) als Ergebnis der Grobanalyse die folgenden Segmenttypen unterscheiden:

Segmenttyp	Zeitraum
Kennenlernen und Kontaktaufnahme	vor und zu Beginn des ERASMUS-Aufenthalts
Freundschaftsbildung	während des ERASMUS-Aufenthalts
Freundschaftserhaltung bzw. -beendigung	nach dem ERASMUS-Aufenthalt
Positionierung, persönliche Einstellung	Zeitlos

Tabelle 5: Segmenttypen

Die Anwendung der o. a. Segmentierungskriterien auf die Transkripte führt zu einer passenden Grobsegmentierung der Texte, die dann zur weiteren Analyse herangezogen werden. Um die einzelnen Segmente hervorzuheben und zu differenzieren, wurden sie farblich gekennzeichnet.

4.1 Vorstellung der Interviewpartner und deren Positionierung zum Freundschaftsbegriff

Es folgt zunächst eine kurze Vorstellung der Interviewpartner, bei der zugleich ihre Positionierung zum Freundschaftsbegriff geklärt wird. Wie schon in Kapitel 3.5 angesprochen geht es hierbei um die persönlich geäußerten Meinungen und Einschätzungen der Interviewpartner, die für jede einzelne befragte Person auch zu ihrem individuellen Persönlichkeitsbild beitragen. Die Ergebnisse der Feinanalyse zum Segmenttyp *Positionierung, persönliche Einstellung* werden hier dargestellt.

Jana

Die 26-jährige Studentin Jana kommt aus Deutschland und hat ihr Auslandssemester im Wintersemester 2009/2010 in Spanien absolviert. Sie lebt alleine und scheint ein fröhlicher und offener Mensch zu sein, der viel lacht.

Jana vertritt die Meinung, dass man nur mit wenigen Menschen eine intensive Freundschaft über eine größere räumliche Distanz lebendig halten könne:

> „man schreibt sich halt dann doch nicht so oft, weil du kannst halt nicht mit allen ne freundschaft halten, also so intensiv. (2.0) das geht halt nicht, wenn man nicht beieinander wohnt."
> *[Jana: 368–370]*

Sie ist jedoch davon überzeugt, dass echte Freunde immer wieder zueinander finden, selbst wenn die räumlichen Abstände groß und die zeitlichen Phasen der Trennung lang seien:

> „freundschaft ist [...] es ist zwar zeit vergangen, aber man findet trotzdem sofort wieder zueinander [...], als wenn man gar nicht weg voneinander war, sondern man versteht sich halt sofort wieder."
> *[Jana: 396–402]*

Wahre Freundschaft basiere für sie auf Vertrauen und Verschwiegenheit, Verständnis füreinander und Toleranz, Fairness und Aufrichtigkeit sowie selbstloser Hilfsbereitschaft:

> "[...] denen man auch sachen, also private dinge anvertrauen kann, [...] freunde sind halt auch leute, die vielleicht nicht schlecht über einen reden, also und halt. ja, dann vielleicht einen auch mit den macken, die man hat, akzeptiert also und halt auch jemandem hilft, wenn er hilfe braucht und unterstützt und ja, wie gesagt nicht hinter dem rücken über einen redet oder ja leuten auch einfach, denen man vertrauen kann, das sind oft freunde."
> *[Jana: 379–388]*

Demgegenüber definiert sie für sich die Gruppe der sogenannten Bekannten als Menschen, zu denen sie keine besondere Nähe zulasse:

> "ja, ein bekannter würde ich dann sagen, dann ist eher so ne distanz eher dazu da"
> *[Jana: 393–394]*

Jana erinnert sich auch an Freundschaften aus der Kindheit, die auseinander gefallen seien, weil diese im Laufe der Jahre unterschiedliche Veränderungen erfahren hätten und getrennte Lebenswege durchlaufen seien, sodass keine gemeinsame Basis mehr vorliege:

> "es gibt ja auch freundschaften, die jetzt in der kindheit waren, ähm die aber dadurch, dass man sich unterschiedlich entwickelt hat, äh auseinanderbrechen, weil man halt nicht mehr auf einer wellenlänge liegt."
> *[Jana: 402–405]*

Hannes

Hannes (25) ist deutscher Staatsbürger, hat aber Vorfahren aus dem Orient. Sein Auslandssemester hat er im Wintersemester 2008/2009 auf Malta absolviert. Er lebt in einer Wohngemeinschaft mit zwei Frauen und erzählt gerne viel und lange. Hannes betont sein politisches Interesse *[Hannes: 783]*, neigt im Interview dazu, ausgiebig zu philosophieren und benutzt gerne Metaphern.

Hannes ist der Meinung, dass es nur wenige feste und enge Freundschaften gebe, die erst dadurch entstehen können, dass man viel Zeit konzentriert miteinander verbringe.

Dabei ergebe sich eine gemeinsam gefühlte Verständnisebene, also das, was z. B. oft als gleiche „Wellenlänge" bezeichnet wird:

> „diese festeren, engeren freundschaften [...] werden auch deswegen so eng und fester, weil man halt zeit intensiver verbringt [...] wenn man sieht, dass man so ne ebene so ne ebene hat miteinander. das, das merkt man einfach auch sehr schnell [...], dass man die fühler dann irgendwie, dass einem das signalisieren, dass man da ne ebene hat, die man vielleicht mit anderen nicht unbedingt hat. genau, und das sind halt meistens, wie im leben, glaub ich, auch eher ne hand voll."
>
> *[Hannes: 1002–1014]*

Außerdem denkt er, dass beiderseitiges ständiges Engagement und Bemühen erforderlich seien, um eine Freundschaft dauerhaft lebendig zu halten. Andernfalls riskiere man, dass die Freundschaft verkümmere und schließlich erlösche:

> „es kostet auch mühe [...] dass man sich dahinter klemmt und das aufrecht hält. also, es ist aktiv, es passiert nicht passiv, sondern es ist aktiv. man muss selber sich immer wieder drum kümmern. ja, und wenn man das nicht macht auf dauer und die andere person das auch nicht macht, das schläft ein."
>
> *[Hannes: 1257–1263]*

Hannes setzt wahre Freundschaft mit einer Art Liebesbeziehung gleich. Er spricht von gegenseitigen Verpflichtungen und betont, dass man diese auch selbst eingehen möchte, um die Beziehung sehr eng zu gestalten. Für ihn seien Freunde eine Stütze im Leben. Dieses Gefühl gebe ihm Rückhalt und Stärke:

> „also, gute freundschaften sind für mich irgendwie also nichts anderes als so ne art liebesbeziehung find ich [...] ich finde man hat so verpflichtungen. ja, wirklich, das ist mein ernst. man hat verpflichtungen irgendwie, möchte es auch haben und das ist schon eine sehr sehr enge beziehung. mir liegt sowas sehr am herzen eigentlich, dass ich/ also, meine freunde sind auch so eine stütze in meinem leben. das macht mich sehr sehr stark irgendwie, mein rück-

> halt und auch ähm ja einfach, dass man sich hat, das macht einen sehr stark."
>
> *[Hannes: 1270–1278]*

Hannes erklärt, dass man für die Pflege einer richtig guten Freundschaft sehr viel Energie aufbringen müsse, weshalb man solche tiefgehenden Beziehungen nur mit wenigen Leuten eingehen könne. Daneben kenne er aber auch solche lockeren Freundschaften, mit denen man im Wesentlichen Freizeitaktivitäten unternehme:

> „die freundschaft, mit der·du gerne feiern gehst oder was was leckeres kochst oder vielleicht irgendwas, also, was oberflächliches machst, was nicht in die tiefe geht […] man kann nicht nur jeden jedermanns bester freund sein glaub ich, weil das sehr viel energie kostet, die man auch reinstecken möchte und das schafft man nicht mit mit dreissig leuten zum beispiel."
>
> *[Hannes: 1285–1294]*

Melanie

Die 25-jährige Melanie stammt aus Deutschland und hat ihr Auslandssemester im Wintersemester 2009/2010 in Schweden verbracht. Sie lebt in einer gemischten Wohngemeinschaft und ist ein aufgeschlossener, fröhlicher und sehr gastfreundschaftlicher Mensch.

Freunde sind für Melanie Menschen, die in jeder Lebenslage bereit stehen, um „Freud und Leid" zu teilen, vor allem aber um Trost und Unterstützung in schweren Zeiten zu bieten bzw. zu finden. Solche Freundschaften überdauern auch schadlos längere Zeiten der Trennung. Mit Freunden könne man über alles ohne jegliche Hemmungen reden, auch über emotionale Themen. Und man könne sich darauf verlassen, dass alles Besprochene diskret und vertraulich behandelt werde.

> „freundschaft ist, wenn man wEIß, […] dass jemand, egal bei welchem anliegen, für einen da ist und man sich an den wenden kann und man HAlt und trost oder auch ein MITfreuen findet und=äh […] wenn man sich nicht die ganze zeit sieht oder auch ne lange lange zeit nicht sieht, dass man sozusagen da: weitermachen kann, wo man aufgehört hat. […] al-

> so, dass man halt über emotionale sachen reden kann und
> [...] dass das vertraulich auch behandelt wird."
>
> *[Melanie: 461–480]*

Bianca

Bianca (24) ist Deutsche und hat ihr Auslandssemester im Wintersemester 2009/2010 in Italien absolviert. Sie lebt in einer gemischten Wohngemeinschaft.

Bianca unterscheidet zwischen *richtigen Freunden*, auf die man sich immer verlassen könne, auch wenn der Kontakt vorübergehend einmal pausiere, und *aktuellen Freunden*, bei denen die Beziehung vorwiegend davon lebe, dass man öfter etwas miteinander unternehme; letztere seien so etwas wie Begleiter eines Lebensabschnitts:

> „zum einen gibt's so richtig ähm enge und GUte freunde oder BESte freunde [...], mit denen man einfach jederzeit pferde stehlen kann sozusagen und=ähm die man auch nach nach längerer schweigezeit eigentlich jederzeit mal anrufen kann [...] dann gibt's halt aktuelle freunde, das sind die, mit denen man GRAD im umfeld oft was unternimmt ähm und dann gibt's für mich noch so [...] lebensumstandsfreunde so. [...] beispielsweise an der uni [...] und eigentlich wird's genauso laufen wie nach'm abi, dass man hinterher aus dem studium geht und hat zwei, drei leute, mit denen man noch in kontakt stehen wird ähm auch später und wo man einfach weiß, das SIND freunde. und der rest waren halt begleiter in der zeit, auch wenn sie in dem zeitraum des studiums freunde waren"
>
> *[Bianca: 396–411]*

Michael

Michael (26) ist deutsch und hat das Wintersemester 2010/2011 und das Sommersemester 2011 in Frankreich verbracht. Er lebt in einer gemischten Wohngemeinschaft.

Michael sieht in ERASMUS-Bekanntschaften eher eine zeitlich begrenzte Zweckbeziehung, in der jeder was vom anderen bekomme, also beide Partner ihren Nutzen daraus ziehen können:

> „man ist ein jahr da, man weiß, es ist begrenzt und ich wollte irgendwie diese sprache lernen und da find ich ir-

> gendwie tandem immer gut, weil es (2.0) so gegenseitig ist, also der kriegt ja auch was von mir."
>
> *[Michael: 135–138]*

Er achtet bei der Auswahl seiner Kontakte besonders darauf, dass sie seinem Zwecke (Erlernen der Sprache des Gastlandes) nützlich sind und er seine „begrenzte Zeit" nicht mit Leuten verbringt, von denen er keinen Vorteil ziehen kann. Er gibt diese Sichtweise auch unumwunden zu und vergleicht sein Vorgehen mit einem kapitalistischen Prinzip:

> „ja, es war schon recht kapitalistisch gesehen. also du hast halt so ne begrenzte zeit da und die willst du irgendwie gut nutzen"
>
> *[Michael: 363–365]*

Auch wenn er bei seinem ERASMUS-Aufenthalt wohl keine echten Freundschaften geschlossen hat, so entwickelt er doch eine ungefähre Vorstellung von dem, was für ihn Freundschaft bedeuten könnte. Sie beruht zunächst einmal auf Vertrautheit, aber das allein ist für ihn nicht ausreichend. Die Vertrautheit müsse so weit gehen, dass man einander auch heikle persönliche Angelegenheiten unbedenklich anvertraut:

> „einmal ist es so ne art vertrautheit, die man haben muss. und das reicht natürlich nicht, weil man ja mit sehr vielen vertraut ist, weil ich bin ja auch mit meinen dozenten vertraut, weil ich die dauernd sehe [...] das braucht man irgendwie und (---) so'n vertrautheit und vertrauen, [...] für mich geht das glaub ich soweit, inWIE:weit ich der anderen person, sachen über mich erzählen würde (-), die in gewisser art und weise heikel sind."
>
> *[Michael: 682–690]*

Die in diesem Kapitel 4.1 wiedergegebenen Meinungsäußerungen werden als persönliche Positionierungen der fünf Interviewpartner angesehen. Demgegenüber werden im Folgenden (Kapitel 4.2 bis 4.4), die sich aus der Analyse der transkribierten Texte ergebenden allgemeinen Erkenntnisse und Erfahrungen in Form von insgesamt 15 fortlaufend nummerierten prägnanten Aussagen präsentiert. Wenn es erforderlich ist, werden sie inhaltlich erläutert und ggf. kommentiert. Dabei werden die einzelnen Aussagen gemäß der Ergebnisse der Grobstrukturierung den in Tabelle 5 benannten Segmenttypen *Kennenlernen und Kontaktaufnahme*, *Freundschaftsbildung* oder *Freundschaftserhal-*

tung bzw. -beendigung zugeordnet. Die Erläuterungen zu den einzelnen Erkenntnissen leiten sich unmittelbar aus den Texten der durchgeführten Interviews ab. Da es sich hierbei um Einzelaussagen von fünf verschiedenen interviewten Personen handelt, kann generell nicht davon ausgegangen werden, dass die Erkenntnisse für alle Probanden gleichermaßen gelten oder gar Allgemeingültigkeit für alle durch ERASMUS entstandenen Beziehungen haben. Weiterhin ist deshalb auch nicht auszuschließen, dass einzelne der Aussagen im Widerspruch zu anderen stehen.

4.2 Kennenlernen und Kontaktaufnahme

Jede Freundschaft oder Beziehung beginnt letztendlich mit dem Kennenlernen (Kapitel 2.2.1). In dieser Phase werden frühzeitig die Weichen für ein mögliches späteres Miteinander gestellt. Oft spielt dabei der Zufall eine große Rolle, aber trotzdem gibt es gewisse Umstände, die das Kennenlernen erleichtern oder auch erschweren können. Eine freundschaftliche Beziehung entsteht aber nicht allein durch das Kennenlernen; es muss danach auch eine Kontaktaufnahme folgen. Dabei sind die betroffenen Personen in der Regel entweder in einer aktiven oder passiven Rolle. Sie können den potentiellen Partner z.B. ansprechen oder einladen (aktiv) bzw. ein entsprechendes Angebot annehmen oder ablehnen (passiv). Die Aktion der Kontaktaufnahme ist zumeist steuerbar, wohingegen man für das Kennenlernen in der Regel nur die Randbedingungen beeinflussen und somit die Chancen verbessern kann.

Die Ergebnisse der Feinanalyse der Transkripte für alle fünf Interviewpartner lassen sich für die *Kennenlern-* und *Kontaktaufnahmephase* wie folgt zusammenfassen:

1. **Frühe Begegnungen und Kontakte ergeben sich über Begrüßungsveranstaltungen, Kurse und weitere Betreuungsprogramme der Gastuniversität**

    Organisierte Veranstaltungen und Betreuungsprogramme helfen den Neuankömmlingen bei der Orientierung und Eingliederung in der neuen Umgebung (vgl. Budke 2003: 34–35). Dabei werden nicht nur Gastgeber und Gäste gezielt zusammengeführt, sondern es lernen sich auch Personen innerhalb der Gästegruppen kennen. Begrüßungsveranstaltungen und Sprachkurse sind Beispiele für solche Zusammenkünfte. Daneben bieten die Universitäten oft auch die Vermittlung von Partnern zur speziellen Betreuung der ERASMUS-Gäste an (z.B.

Sprachtandem, Buddy[19]). Des Weiteren ist es natürlich auch möglich, Kontakte in Lehrveranstaltungen zu knüpfen.

Jana erzählt zu diesem Thema von ihren Erfahrungen bei ERASMUS-Betreuungsveranstaltungen:

> „es gab natürlich auch so eine begrüßungsveranstaltung und begrüßungs- äh abende, -parties und so weiter und da hat man dann halt viel mit denen gemacht, die halt gleich am anfang da waren."

[Jana: 185–187]

Auch Bianca hat ähnliche Erfahrungen gemacht, viele ihrer freundschaftlichen Beziehungen wurden über das ERASMUS-Betreuungsprogramm vermittelt:

> „und viele von den anderen freundschaften, die ich in florenz geschlossen hab, sind entstanden durch ähm erasmus-events"

[Bianca: 175–177]

Michael hat eine größere Anzahl von Mitstudenten unterschiedlicher Nationalität bereits vor dem Beginn der Vorlesungszeit im Gastland bei einem von der Uni angebotenem Sprachkurs kennengelernt:

> „ich hab nen sprachkurs gemacht bevor bevor die uni begann. [...] drei wochen und da hab ich nen großteil von leuten kennengelernt"

[Michael: 287–289]

Weitere Quellen: *[Jana: 351–361]; [Hannes: 651–652]; [Melanie: 21–41]; [Bianca: 70–71]; [Michael: 124–127]*

---

[19] Bei Sprachtandem-Programmen bringen sich zwei Personen unterschiedlicher Muttersprache gegenseitig die jeweilige Fremdsprache bei. Sie verabreden sich z.B. wöchentlich zum gemeinsamen Kaffeetrinken, Kino, Kochen oder helfen sich gegenseitig bei den Hausaufgaben. Buddy's hingegen übernehmen eine Betreuungsfunktion und sind der erste Anknüpfpunkt im Gastland, dazu gehören u. a. die Abholung vom Bahnhof/Flughafen sowie die Hilfestellung bei der Orientierung vor Ort.

2. ERASMUS-Studierende sind (zumindest anfangs) alle in der gleichen Situation; sie solidarisieren sich untereinander und helfen einander

Die gemeinsamen Startprobleme in der neuen Umgebung führen häufig dazu, dass die Gaststudierenden sich zusammentun und diese Probleme gemeinsam bewältigen. Hierbei können die Grundlagen für spätere Freundschaften gelegt werden.

Dieses gemeinschaftliche Erleben und das Gefühl mit anderen Betroffenen in der gleichen Situation zu sein, in der man sich gegenseitig helfen kann und von den Erfahrungen der anderen profitieren kann, wird in Janas Erzählung deutlich, da sie dies immer wieder besonders betont und sich gemeinsam mit den anderen positioniert („wir ALLE"):

> „also, wir sind ja ALLE gleich, […] weil wir haben alle in dem gleichen hotel am anfang gewohnt […]. und da sind wir ALLE in der gleichen woche angekommen und haben dann uns im international office an der uni halt auch WIEdergesehen, weil wir uns ja alle also wohnungen suchen mussten, und da das international office hat uns dabei geholfen ja adressen zu bekommen."
> *[Jana: 176–184]*

Auch Hannes hat die Situation nach seiner Ankunft im Gastland und die aufgetretenen Startprobleme ähnlich empfunden. In seiner sehr anschaulichen Beschreibung benutzt er häufig das Wort „neu", um damit das Gefühl der Unsicherheit gegenüber dem noch Fremden, Unbekannten auszudrücken. Er betont die Zweckmäßigkeit, sich an Mitstudenten anzuschließen und deren Erfahrungen abzufragen und zu nutzen:

> „man ist dann so'n bisschen verloren. die struktur ist neu, die uni ist neu, das ganze leben drum herum ist neu. ähm, man sucht sich halt irgendwie leute, wo man fragen kann, die irgendwas schon kennen."
> *[Hannes: 514–516]*

3. Sprachliche Barrieren erschweren die Kontaktaufnahme zu Personen aus dem Gastgeberland – Kontakte zu Kommilitonen mit derselben Muttersprache werden anfangs bevorzugt gesucht

Die sprachlichen Barrieren sind anfangs noch sehr hoch und erschweren häufig eine Annäherung (Kapitel 2.3.2). Das führt oft dazu, dass Kontakte zu Angehörigen des Gastgeberlandes zunächst gemieden werden und vorerst überwiegend die Bekanntschaft von Landsleuten gesucht wird. Damit wird der Absicht des ERASMUS-Programms (Kapitel 2.4.1) entgegengewirkt, das sich zum Ziel gesetzt hat, die sozialen Verbindungen zwischen Studierenden aus unterschiedlichen Nationalitäten zu vermitteln und zu fördern.

Wenn sich in Folge der Sprachbarrieren und der anfänglichen Kontaktsuche zu den eigenen Landsleuten bzw. Angehörigen derselben Muttersprache schon in den ersten Wochen freundschaftliche Beziehungen entwickelt haben, kann es den Studierenden später schwer fallen, die schon bestehenden Freundschaften zu Gunsten des Kontaktes zu Einheimischen oder Angehörigen anderer Sprachen zu vernachlässigen. Somit ergibt sich bedauerlicherweise für die Studierenden, dass sie ihre Zeit vermehrt mit anderen Angehörigen derselben Muttersprache verbringen.

Hannes glaubt, beobachtet zu haben, dass Studierende mit derselben Muttersprache einander gezielt suchen. Dies gelte vor allem bei Franzosen („oft"), Spaniern und Italienern („besonders") und in gewisser Weise wohl auch bei Deutschen („irgendwie"):

> „was ich beobachtet hab, ist dass ähm die leute gleicher sprache, also oft franzosen untereinander, deutsche auch irgendwie untereinander, besonders spanier und italiener auch untereinander, ähm sich auch oft gesucht haben (-) als vielleicht anhaltspunkt, weil man noch keinen kannte und die sprache noch vertraut ist, die einen dann verbindet."
> *[Hannes: 36–41]*

Melanie stellt für die deutschsprachige Fraktion fest, dass deren Angehörige es anfangs lange Zeit gescheut haben, mit fremdsprachlichen Kommilitonen in Kontakt zu treten. Häufig wurde aber dieses Versäumnis später bedauert, weil man erkannte, dass man die Chance auf interkulturelle Begegnung sowie Vervollkommnung und Festigung der fremdsprachlichen Kenntnisse weitestgehend verpasst hatte:

> „und die haben das so'n bisschen für sich, sagen wir mal, auch ein bisschen traurig empfunden, dass sie lange lange zeit wirklich nUR unter sich waren, nUR deutsch gesprochen haben […]. die haben ja auch gar kein interesse gezeigt, irgendwie die anderen kennenzulernen so."

[Melanie: 298–302]

Auch Jana identifiziert die sprachlichen Barrieren als hinderlichen Faktor für das Entstehen einer interkulturellen Freundschaft. Da sie zu Beginn ihres Auslandssemesters kein Spanisch sprechen konnte, war es für sie schwierig, eine Beziehung zu ihrer nur spanischsprachigen Betreuerin aufzubauen:

> „ja, und das problem war, dass wir, also dass sie nur spanisch konnte und ich nur englisch und das war dann erstmal sehr schwer."

[Jana: 21–23]

Weitere Quellen: *[Melanie: 282–284; 330–331]; [Bianca: 218–219]*

4. Die Fremdheit der Sprachen und Kulturen kann auch ein besonderer Reiz und Herausforderung sein, auf andere Menschen zuzugehen

Der Reiz des ERASMUS-Programms (Kapitel 2.4.1) liegt vor allem darin, fremde Kulturen und deren Sprachen kennenzulernen. Wer diese Idee richtig verinnerlicht hat, wird gezielt versuchen, diese noch unbekannte Welt für sich selbst zu erschließen, dabei seinen Horizont zu erweitern sowie die Kenntnisse und die Anwendung der fremden Sprachen nachhaltig zu verbessern. Wenn nötig, wird dabei auch auf Englisch als übergreifende Hilfssprache zurückgegriffen.

Michael erzählt nahezu begeistert von seiner Suche nach Sprachlernkontakten:

> „vero und ich […] waren aber immer auf der suche nach irgendwie leuten, mit denen man halt französisch sprechen konnte und dann war das halt super, weil die direkt nicht

> englisch gesprochen haben, sondern eben französisch als
> wir die kennengelernt haben."
>
> *[Michael: 63–66]*

Melanie berichtet von einer sehr gemischten internationalen Gruppe, die bei gemeinsamen Unternehmungen zusammengewachsen ist und die mit der englischen Sprache eine alle verbindende Kommunikationsebene gefunden hat. Das in diesem Zusammenhang verwendete Wort „notgedrungen" lässt vermuten, dass Melanie es bedauert, dass die anderen Sprachen dabei vernachlässigt bleiben:

> „die kommunikation (---) war ja alles auf englisch und das
> war bei uns dann nachher auch sehr gut. also die gruppe,
> mit der wir immer zusammen was gemacht haben, also es war
> halt eine eine griechin, georgia, patricia aus spanien,
> veera und iina aus finnland und sandra, die auch aus
> deutschland kam und ich. das war so internationa:l, dass
> wir notgedrungen immer englisch sprechen mUSsten [...] ein-
> fach, weil man das ja das war die einzige sprache, die man
> nutzen konnte, um sich zu verständigen."
>
> *[Melanie: 84–96]*

Bianca hat die Erfahrung gemacht, dass gegenseitiges Interesse allein aus dem Umstand heraus geweckt werden kann, dass man sein Gegenüber in einer fremden Sprache anspricht:

> „dann hab ich eine italienerin kennengelernt [...] und sie
> war gleich total interessiert, weil ich kein vernünftiges
> italienisch konnte und sie auf englisch angesprochen hat-
> te"
>
> *[Bianca: 128–132]*

Weitere Quellen: *[Bianca: 70–83; 94–107]*

5. **Über bereits bestehende Bekanntschaften lernt man weitere Personen kennen**

Die Phase des Kennenlernens bleibt immer aktuell und ist nicht nur auf den Beginn des ERASMUS-Aufenthalts beschränkt. Bekanntschaften werden ständig weitervermittelt und somit auch der Zugang zu bereits bestehenden Gruppen ermöglicht. Zugleich ist damit ein Multiplikatoreffekt verbunden, sodass sich die Menge solcher sekundärer Bekannten netzwerkartig ausbreitet.

Hannes beschreibt diesen Ausbreitungseffekt unter Verwendung einer sprachlichen Übertreibung (Indefinitpronomina: „jeder jeden"):

> „und im nachhinein irgendwann verknüpfen sich halt alle sachen und es kennt tatsächlich irgendwann jeder jeden."

[Hannes: 636–637]

Auch Melanie spricht davon, dass man zumindest vom Sehen her alle kannte:

> „man kannte ja wirklich irgendwie jeden […]. zumindest hat man ja wirklich so nah beieinander gewohnt, dass man sich immer gesehen hatte"

[Melanie: 309–311]

Weitere Quellen: *[Hannes: 634–643; 661–66; 985–986]; [Melanie: 245–254; 309]; [Michael: 438–440]*

6. **Sympathie erleichtert die Kontaktaufnahme und Bildung von Freundschaften**

Unabhängig von anderen Faktoren hat bei der Kontaktaufnahme die Frage von *Sympathie* und *Antipathie* eine besondere Bedeutung (Kapitel 2.2.1). Dies gilt sowohl in der aktiven als auch in der passiven Rolle. So wird der aktive Part vorwiegend auf diejenigen Menschen zugehen, zu denen er ein positives Gefühl entwickelt. Und der passive Part wird in der Regel nur dann auf Anfragen zustimmend reagieren, wenn die betreffende Person sympathisch erscheint.

Nach Janas Aussage muss es zwischen den beiden Partnern irgendwie „passen", damit sich freundschaftliche Gefühle entwickeln können. Sie präzisiert diese allgemeine Aussage durch das Vorhandensein von Sympathie und gutem Verständnis sowie guter Kommunikation:

> „die fand ich gleich super sympathisch. […] ich weiß nicht, es hat irgendwie gepasst. also liebe, freundliche und lustige menschen äh ja. (--) das hat, ich weiß nicht, wie kann man das erklären freundschaft. es hat irgendwie gepasst und wir haben uns gut verstanden und gut unterhalten"
>
> *[Jana: 191–197]*

Weitere Quelle: *[Michael: 308–311]*

4.3 Entwicklung der Beziehungen *während* des ERASMUS-Aufenthalts

In der Phase des Kennenlernens und der Kontaktaufnahme werden Verbindungen geknüpft für die potentielle Entwicklung von engeren Beziehungen; hier wird letztendlich die Frage entschieden: „Wer mit wem?". Ob sich aus solchen anfangs noch lockeren Verbindungen ein engeres Zusammengehörigkeitsgefühl oder gar eine Freundschaft ergibt, hängt von vielen Faktoren ab, die während einer längeren Zeitphase des Zusammenwachsens und ihrer Bewährung zum Tragen kommen. Im Folgenden werden prägnante Aussagen für die Phase der Freundschaftsbildung *während* des ERASMUS-Aufenthalts aufgeführt:

7. **Der erste Eindruck oder das erste Gefühl täuschen manchmal, sodass sich Freundschaft bzw. Ablehnung erst später und oft unerwartet einstellt**

   Trotz anfänglicher spontaner Sympathie will sich manchmal im weiteren Verlauf der Bekanntschaft ein echtes Freundschaftsgefühl nicht einstellen. Umgekehrt können sich aber bei näherem Kennenlernen auch Freundschaften zu Menschen entwickeln, die zunächst einen negativen Eindruck hinterließen. Die Ursache solcher Fehleinschätzungen könnte darin liegen, dass zu Beginn einer Bekanntschaft äußere Eindrücke bei der Bewertung eine größere Rolle spielen und erst später die inneren Werte (z. B. Charakter, Gemeinsamkeiten) in den Vordergrund treten.

So hatte beispielsweise Bianca zunächst einen ziemlich schlechten Eindruck von ihren Mitbewohnern, der aber nur von äußerlichen Faktoren hervorgerufen wird (hier: Zustand der Wohnung):

> „a::ber der zustand der wohnung hat eigentlich den eindruck von den leuten, also grade auch von julie (-) ziemlich runtergezogen, denn es war einfach nur eklig und ich hab mich so: ähm geekelt da vor vor den hygienezuständen, dass ich eigentlich von den leuten im ersten moment nicht viel gehalten hab."
>
> *[Bianca: 341–345]*

Jana erzählt von ihrem spanischen Betreuer, mit dem sie anfangs intensiven Kontakt hatte und der sehr hilfreich war. Auch wenn sie explizit nichts von ihren persönlichen Eindrücken und Gefühlen ihm gegenüber sagt, so lässt ihre Beschreibung doch unterschwellig durchscheinen, dass sie anfangs eine sehr positive Meinung von ihm hat. Danach kommt es dann aber (aus welchen Gründen auch immer) zu einem Erkalten der Beziehung und schließlich zum Abbruch des Kontaktes:

> „zu dem, also dem buddy, den ich hatte, mit dem hab ich ganz intensiv in den ersten zwei wochen was unternommen und der hat mir auch geholfen bei der wohnungssuche: und=äh ist auf parties mitgegangen. also, er war halt spanier. ähm aber dann, eigentlich auch schon in salamanca, ist das halt ja dann immer weniger gewo:rden und am ende gar nicht mehr und er reagiert auch gar nicht mehr auf irgendwelche nachrichten oder so."
>
> *[Jana: 120–125]*

8. Kontakte zum eigenen Geschlecht sind in der Regel problemloser, da keine sexuellen Absichten vorliegen

Der Begriff *Freund* oder *Freundin* wird im deutschen Sprachgebrauch häufig auch für den Partner in einer Liebesbeziehung verwendet (Kapitel 2.1). Im Rahmen dieser Untersuchung wird aber generell von einem asexuellen Verständnis des Freundschaftsbegriffs ausgegangen (Kapitel 2.1). Damit wird aber nicht ausgeschlossen, dass es im besonderen Einzelfall auch zu sexuellen Kontakten oder einer Liebesbeziehung kommen kann. Es wird angenommen, dass bei den hier behandelten Kontakten im Rahmen des ERASMUS-Programms in der Regel keine sexuellen Annäherungen erwünscht sind. Wenn beide Partner in dieser Hinsicht jedoch unterschiedliche Absichten haben, so wird die Entwicklung einer unbelasteten Freundschaft erschwert oder sogar verhindert. So macht z.B. Jana die Erfahrung, dass sich ihr Betreuer zunächst sehr zuvorkommend und charmant gibt und dann auf einmal wie verwandelt ist, nachdem er erfahren hat, dass Jana einen festen Freund hat. Dabei fällt auf, dass sie das Wort „moment" besonders häufig verwendet. Sie betont damit den plötzlichen Stimmungsumschwung:

> „aber ich glaube ehrlich gesagt, dass ähm der ähm hat halt irgendwie eine andere art von bekanntschaft gesucht […] also, ich glaub, er fand äh erasmus-studentinnen äh ein ganz interessantes material ((lacht)) […] an dem moment, wo er dann rausgefunden hatte, dass ich einen freund habe, ähm war der kontakt von diesem moment an ganz krass anders. also, vorher war er zuvorkommend, hilfsbereit, äh nett, freundlich, lustig, charmant. und in dem moment, wo ich am telefon mit meinem freund war und ihn gesprochen hab, war das wirklich an DEM abend komPLETT so: ‚ich interessier mich nicht mehr für dich'"
> *[Jana: 243–254]*

Weitere Quelle: *[Jana: 73–76]*

9. Sehr viele Bekanntschaften bleiben nur oberflächlich („Party-Bekanntschaften")

Internationale Austauschprogramme wie ERASMUS bieten zwar die Möglichkeit, viele Menschen kennenzulernen, die in etwa dem gleichen Alter und in ähnlicher Lebenssituation sind. Aber wahrscheinlich ist es gerade diese Vielzahl an Kontakten, die dazu führt, dass die weitaus meisten davon nicht über den Status von oberflächlichen Bekanntschaften hinaus kommen. Häufig handelt es sich dabei auch um Party- oder Kneipen-Bekanntschaften.

Hannes vermutet offensichtlich, dass die große Anzahl der Bekanntschaften unweigerlich dazu führt, dass sich viele lose Freundschaften bilden, die aber in der Regel nur oberflächlich bleiben:

> „es gab halt viele lose freundschaften […] auf so ner oberflächlichen ebene war man ja fast mit allen befreundet"

[Hannes: 419–424]

Jana erzählt von den Gesprächen mit solchen Party-Bekanntschaften und von der Belanglosigkeit ihres Inhalts. Es seien in der Regel nicht die Gespräche, die man mit richtigen Freunden führt:

> „ich hab die dann halt auch in den bars gesehen und man hat auch miteinander geredet, (-) aber es war jetzt nicht so, dass man irgendwie privatere gespräche hat oder so über SORgen oder weiss nicht, es war dann so eher ne PARty-Bekanntschaft, oberflächlich, also nett, aber dann oberflächlich eher."

[Jana: 223–227]

Weitere Quellen: *[Jana: 104–107; 289–293]; [Hannes: 428–431; 439–449]; [Bianca: 179–184; 218–222]; [Michael: 25–28]*

10. Viele Freundschaften entstehen durch gemeinsames (oder nahes) Wohnen

ERASMUS-Studenten werden oftmals in Wohngemeinschaften untergebracht. Beim gemeinsamen Wohnen lernt man sich besonders gut kennen und übt, miteinander auszukommen. So ist es naheliegend, dass innerhalb solcher Wohngruppen besonders leicht freundschaftliche Beziehungen erwachsen (Kapitel 2.3.1). Allerdings werden in den Wohngemeinschaften oft ERASMUS-Studierende untereinander zusammengefasst, sodass die Entwicklung von interkulturellen Freundschaften zu Menschen aus dem Gastgeberland, dadurch nicht gefördert wird. Der Wohnaspekt spielt auch eine gewichtige Rolle, wenn die jungen Leute nicht in derselben Wohngemeinschaft leben, sondern die Wohnungen nur dicht beieinander liegen, z.B. im selben Haus oder in derselben Straße. In diesem Fall ergeben sich daraus oftmals gemeinsame Wege, auf denen man leicht ins Gespräch kommt und auch weitere Leute aus der Nachbarschaft kennenlernt. Wenn die Wohnraumvermittlung jedoch nur auf ERASMUS-Studierende ausgelegt ist (dies gilt auch für Veranstaltungen und Kurse), bestehen weniger Möglichkeiten, Einheimische kennenzulernen.

Hannes hebt die besondere Bindung hervor, die sich durch das Zusammenleben und den daraus erwachsenden Vorteilen („MÖchte") und Verpflichtungen („MUss") ergeben:

> „das schweisst schon zusammen, dass man einfach beieinander ist und dann miteinander auskommen MUss und auch MÖchte."
> *[Hannes: 154–156]*

Melanie stellt fest, dass bei gemeinsamen Aktivitäten vorwiegend diejenigen Studierenden zusammen kommen, die auch benachbart wohnen:

> „weil wir alle in einer straße gewohnt haben, also nicht jetzt nur wir wir mädels, sondern alle erasmus-studenten, die zu dem zeitpunkt da waren, haben wir eigentlich immer alles zusammen gemacht."
> *[Melanie: 123–125]*

Aber sie sieht auch Nachteile in der vorliegenden Wohnsituation, die den gewünschten Kontakt zu einheimischen Studierenden erschwert:

> „diese straße war wirklich nur für die erasmus-studenten, hatte ich das gefühl [...] und man hat sich so'n bisschen abgeschoben gefühlt"
> *[Melanie: 353–359]*

Weitere Quellen: *[Jana: 26–28; 54–60; 179–187; 317–322]; [Hannes: 21–23; 30–33]; [Bianca: 24–29]; [Michael: 414–419]*

11. Ähnlichkeit und gemeinsame Erlebnisse sind freundschaftsbildende Faktoren

Wie schon in Kapitel 2.2.1 beschrieben, entwickeln sich Freundschaften vorzugsweise zwischen Menschen, die gewisse Ähnlichkeiten aufweisen. Das sind insbesondere Interessen, Ansichten, Geschmack und Humor. Dazu gehören gemeinsame Erlebnisse und phasenweise ein gemeinsames soziales Umfeld wie z.B. die Einbindung in die Familie des jeweiligen Partners. Je mehr Zeit miteinander verbracht wird, desto besser kann man sich gegenseitig kennen und schätzen lernen.

Jana hat eine Reihe von Gemeinsamkeiten und ähnlichen Interessen zwischen ihr und ihrer Freundin entdeckt. Das macht es möglich und attraktiv, auch gemeinsame Aktivitäten zu planen und zu erleben (z.B. Konzerte, Kochen). Solche gemeinschaftlich erlebten Ereignisse sind grundsätzlich förderlich für die Entwicklung und Vertiefung des Freundschaftsgefühls:

> „wir hatten auch den gleichen musikgeschmack und=äh haben uns dadurch ausgetauscht und ja selbe interessen, sind auf konzerte gegangen und=ähm ja dadurch war das ne sehr schöne zeit:. wir hatten den gleichen humor, haben zusammen serien geguckt ((lacht)) vorm mittagessen. ja, zusammen gekocht und ja dadurch sind halt die die ist die freundschaft äh ja stärker geworden."
> *[Jana: 44–49]*

Auch Bianca hat durch gemeinsame Erlebnisse, die auf gegenseitigem kulturellem Interesse beruhen, eine freundschaftliche Verbindung zu einer Italienerin aufgebaut. Durch sie hat sie viel über die Kultur und Sprache gelernt hat:

> „also, sie hat mir italienisch beigebracht, die italienische küche gezeigt, italienisch, also mich der ganzen italienischen kultur näher gebracht und ich hab mit ihr halt öfter mal (-) äh was deutsches unternommen und=äh wir haben viel auf englisch gesprochen. also, die kommunikation war auch problemlos u::nd=äh das hat sich so über die uni entwickelt, dass wir oft was unternommen haben und kaffee getrunken haben und uns in den freistunden getroffen haben. später sind wir dann auch feiern gegangen und sie hat mich zu ihren eltern nach bari eingeladen."
> *[Bianca: 140–147]*

Weitere Quellen: *[Melanie 125–131]; [Bianca: 32–37; 46–50]; [Michael: 392–394]*

4.4 Weitere Entwicklung der Beziehungen *nach* dem ERASMUS-Aufenthalt

Um dauerhaften Bestand zu haben, müssen Freundschaften gepflegt werden (Kapitel 2.2.2). Dies gilt insbesondere für solche Beziehungen, die während eines Austauschprogramms wie ERASMUS entstanden sind und bei denen danach die räumliche Distanz besteht. Regelmäßiger Kontakt, ausgedehnte Kommunikation, weitere gegenseitige Besuche und deren gemeinsame Planung sind freundschaftserhaltende Maßnahmen. Im Folgenden werden prägnante Aussagen für die Phase der weiteren Entwicklung der Beziehungen *nach* dem ERASMUS-Aufenthalt aufgeführt:

12. Wesentliche Gründe, weshalb solche Freundschaften so lange halten, sind das Internet und seine Möglichkeiten

Wie schon in Kapitel 2.1.1 ausgeführt wurde, konnten zu früheren Zeiten Verbindungen zwischen Menschen nur über gegenseitige Besuche und Briefverkehr aufrechterhalten werden. Die *neuen Medien* (Kapitel 2.1.3) sind heutzutage besonders nützlich, um persönliche Kontakte über große Entfernungen zu pflegen. So wird u. a. durch E-Mail, *Skype* und soziale Online-Netzwerke eine ständige und sofortige Erreichbarkeit sowie der persönliche Austausch großer Datenmengen ermöglicht.

Bianca hält die Existenz des Internets für eine unverzichtbare Voraussetzung, um interkulturelle Freundschaften über Zeit und Raum lebendig zu erhalten:

> „ich denke, ein grund, weshalb diese freundschaften so lange halten, ist definitiv das internet"
> *[Bianca: 62–64]*

Hannes, der das soziale Online-Netzwerk *Facebook* ausdrücklich nicht kennt und nicht nutzt, erkennt aber an, dass es eine wichtige Rolle zu spielen scheint. Er lobt die Möglichkeit, jederzeit schnell und unkompliziert miteinander in Verbindung treten zu können:

> „was ich auch GLAUbe, [...] dass diese facebook-geschichte
> noch gar nicht so unwichtig ist. [...] wenn man sich wirk-
> lich nicht sieht, dann hat man halt nen schnelleren zugang
> zueinander."
>
> *[Hannes: 1070–1075]*

13. Freundschaft nach dem ERASMUS-Austausch reduziert sich häufig auf *Facebook-* oder *E-Mail-Kontakte*

Um eine bestehende Freundschaft zu erhalten und möglichst auch zu vertiefen, ist es erforderlich, dass die Beteiligten ausreichend häufig und ausgedehnt Kontakt miteinander pflegen (Kapitel 2.2.2). Aktivitäten, die während des Auslandsaufenthalts zusammen unternommen wurden, lassen sich nach Beendigung des ERASMUS-Aufenthalts nicht weiterführen, da sich die Freunde nicht mehr an ein und demselben Ort befinden. Die Freundschaft reduziert sich auf elektronische Kommunikation. Doch auch wenn die *neuen Medien* umfangreiche Möglichkeiten der Interaktion bieten, werden vielfach nur wenige davon benutzt. Die häufigsten Kontakte laufen per E-Mail oder auch unter sogenannten *Freunden* über *Facebook*. Telefoniert wird nur selten, wie Hannes bestätigt:

> „mit fanni hab ich mich (-) auch per mail hab ich aus-
> schliesslich äh ausgetauscht"
>
> *[Hannes: 1121–1122]*

Auch bei Jana reduziert sich der freundschaftliche Kontakt auf kurze Abfragen oder Informationen, die fast ausschließlich über *Facebook* abgewickelt werden. Der wohl wichtigste Beweggrund ist es dabei, im „Gedächtnis des Anderen" zu bleiben:

> „fast alles läuft über facebook, [...] man ist halt sozusa-
> gen immer in kontakt, auch wenn man nicht schreibt. also,
> man weiß halt wie, was die anderen grade machen und kann
> dann einfach mal schnell was kommentieren und sozusagen
> somit bleibt man im gedächtnis des anderen eher."
>
> *[Jana: 96–102]*

Obwohl Jana ihre Mitbewohner in Spanien als „gute Freunde" bezeichnet, wird deutlich, dass diese Freundschaft sich lediglich auf *Facebook-* oder E-Mail Kontakt reduziert hat. Sie versucht den verminderten Kontakt damit zu rechtfertigen, dass jeder in seinem Leben viel beschäftigt ist:

> „das sind auch äh ja gute freunde: [...] ich bin immer noch mit denen in kontakt ähm aber nur über facebook oder e-mail. ähm ja, wir telefonieren eigentlich nicht miteinander. [...] aber jeder hat halt so, hat was zu tun und ist im studium bzw. auf der arbeit"
> *[Jana: 27–33]*

Weitere Quellen: *[Jana: 29–32]; [Hannes: 1075–1079]; [Bianca: 108–110]*

14. Gegenseitige Besuche können das Freundschaftsgefühl bewahren, aber nicht immer wird dieses Ziel erreicht

Die wohl beste Art, eine freundschaftliche Beziehung zu erhalten, aufzufrischen oder gar zu verstärken, scheint in gegenseitigen Besuchen zu liegen. Melanie und ihre Freunde führen regelmäßige, gemeinschaftliche Gruppenbesuche durch, die in unterschiedlichen Ländern stattfinden:

> „letztes jahr waren wir in göteborg (2.0) ja. und dieses jahr ist es entweder geplant in deutschland oder eigentlich gerne in griechenland."
> *[Melanie: 213–215]*

Jedoch nicht immer verlaufen Besuche bei Freunden so erfolgreich. Die gute Absicht kann auch in das Gegenteil verkehrt werden, insbesondere dann, wenn die Dauer des Besuches zu lang ist. Es besteht in solchen Fällen leicht die Gefahr, dass sich der jeweilige Gastgeber zu sehr in seinem gewohnten Lebensstil eingeschränkt fühlt oder man sich gegenseitig auf die Nerven geht. Wie lange ein Besuch dauern sollte ist natürlich von Person zu Person unterschiedlich und auch abhängig davon, wie gut die gegenseitige Kenntnis voneinander und die Toleranz ist.

Bianca erzählt vom Rückgang des Kontakts nach dem Besuch:

> „danach ist der kontakt ein bisschen eingeschlafen. also
> das war auch (-) zu lang einfach und dann hatte man sich
> ü:bergesehen"

[Bianca: 152–154]

Es gibt aber auch Fälle, in denen der regelmäßige Kontakt und die Freundschaft längst erloschen sind, aber trotzdem noch gegenseitige Besuche stattfinden. Jana berichtet von stark nachgelassenem Kontakt zu ihren ehemaligen Mitbewohnern, zu denen aber dennoch eine gegenseitige Gastfreundschaft besteht:

> „jetzt schreiben wir uns noch TEILweise und ich bin auch
> immer WILLkommen und sie sind willkommen hierher zu kom-
> men. ähm ja. aber wie gesagt, es ist kein regelmäßiger
> kontakt mehr"

[Jana: 49–52]

Weitere Quellen: *[Jana: 343–348]; [Bianca: 112–121; 153–159; 164–170]*

15. In einigen Fällen ist die Kommunikation sehr intensiv und in anderen vollständig abgebrochen

Die Häufigkeit und Intensität der Kontakte nach dem ERASMUS-Aufenthalt ist recht unterschiedlich. Sie reichen von häufiger bzw. intensiver Kommunikation bis zum völligen Abbruch der Verbindung, wobei das sicherlich auch davon abhängt, wie eng die freundschaftliche Beziehung während des Auslandsaufenthalts gewesen ist.

Bianca hat etwa alle vier bis zehn Wochen (und damit noch relativ häufig) Kontakt zu Julie. Die Gespräche (meist über *Skype*) und persönliche Nachrichten (meist über *Facebook*) drehen sich um die gemeinsam erlebte ERASMUS-Zeit, gemeinsame Freunde oder Bekannte, Alltag und Studium sowie vor allem um die Planung eines gemeinsamen Wiedersehens:

> „mit julie zum beispiel, spreche:n wir so alle ähm vier
> bis zehn wochen, würd ich sagen. dass wir uns mal auf
> skype verABreden oder zufällig treffen [...] die themen sind
> so allgemeine mädchenthemen eigentlich. zum EInen sprechen
> wir oft darüber, wie unsere erasmus-zeit WAR:, was wir er-
> lebt haben, mit welchen von unseren leuten wir noch kon-

> takt haben [...] zum anderen sprechen wir darüber, wie unser alltag und studium so läuft, so bei ihr und bei mir. [...] aber das ist auch oft eins der hauptthemen, wann wir mal versuchen wollen, uns wiederzusehen"
>
> *[Bianca: 364–391]*

Melanie erzählt von regelmäßigem Kontakt zu ihren ERASMUS-Freundschaften:

> „also, wir haben auch gerne skype-konferenzen und ähm versuchen das auch immer gerne, das wir so in der gruppe halt äh uns irgendwo treffen und reden. und (---) ja, es ist immer immer ein stetiger kontakt, selbst wenn man längere zeit mal nichts was von einander hört, ist das, wenn man dann wieder was voneinander hört, als wäre gar keine zeit dazwischen vergangen."
>
> *[Melanie: 222–227]*

Während bei Bianca und Melanie die Kommunikation noch recht intensiv und lebhaft erscheint, kann Jana von diversen Bekanntschaften berichten, zu denen der Kontakt vollständig abgebrochen ist:

> „zu manchen ist der kontakt ganz (-) ganz abgebrochen."
>
> *[Jana: 119–120]*

4.5 Zusammenfassung der Analyseergebnisse

Die in den Kapiteln 4.1 bis 4.4 dargestellten Ergebnisse wurden durch narrative Interviews von fünf ehemaligen ERASMUS-Studierenden gewonnen. Es handelt sich hierbei um Einzelaussagen von verschiedenen Personen, sodass die dargelegten Erkenntnisse nicht für alle Befragten gleichermaßen gelten und auch keine Allgemeingültigkeit haben. Darüber hinaus ist auch nicht auszuschließen, dass einzelne der Aussagen im Widerspruch zu anderen stehen.

Innerhalb eines internationalen Austauschprogramms wie ERASMUS werden die Weichen für das Kennenlernen und damit für eventuelle Freundschaftsbeziehungen oft frühzeitig durch organisatorische Umstände gestellt (z. B. Veranstaltungen, Kurse, Betreuung, Wohnraumvermittlung). Diese Veranstaltungen, Kurse sowie die Unterbringung sind dabei oft nur auf ERASMUS-Studierende ausgelegt. Zudem sind die Neuankömmlinge in der anfangs noch fremden Umgebung oft orientierungslos, sodass sie sich gern an Mitstudenten anschließen, die in der gleichen Situation sind, in der Hoffnung, dass man die anstehenden Probleme gemeinsam besser lösen kann. Im Ergebnis finden auf diese Art oft Landsleute oder ERASMUS-Studierende zueinander. Die Vermittlung von Landsleuten untereinander ist allerdings nicht unbedingt im Sinne der ERASMUS-Idee, die das Gemeinschaftsgefühl der Europäer stärken will. Diese Beobachtung wird zum Teil auch durch Conacher (2008) bestätigt. Sie sieht es als Hindernis für die Integration von ERASMUS-Studierenden an, Aktivitäten durchzuführen, die nur auf diese ausgerichtet seien, da dadurch kein Kontakt zu Einheimischen entstehen könne und somit die ausländischen Studierenden mehr Zeit untereinander verbringen würden (vgl. Conacher 2008: 13).

Hinzu kommt, dass anfangs zuweilen Sprachbarrieren eine Annäherung erschweren, aber wenn die anfängliche Scheu vor der fremden Sprachwelt erst einmal überwunden ist, wird die aktive Anwendung der fremden Sprache oft zur reizvollen Aufgabe. In dieser Phase werden sicherlich auch Kontakte zu fremdsprachlichen Menschen gezielt gesucht. Weitere neue Kontakte ergeben sich später meist durch die Vermittlung über bereits bestehende Bekanntschaften (Sekundärkontakte). Kontaktaufnahmen werden generell durch ein sympathisches Auftreten erleichtert.

Die meisten Kontakte, die sich für Studierende während eines ERASMUS-Aufenthalts ergeben, kommen aber über den Status einer oberflächlichen Bekanntschaft nicht hinaus. Damit aus Bekannten Freunde werden, bedarf es in der Regel einer ähnlichen Verständnisebene (z.B. Vorlieben, Interessen, Ansichten, Humor) und einer gewissen Zeit des gemeinsamen Erlebens (z.B. Wohnen, Reisen, Abenteuer). Man lernt dabei den Partner intensiv kennen und schätzen – mit all seinen Stärken und Schwächen. Auf diese Art können auch Freundschaften zu Menschen entstehen, denen man anfangs eher ablehnend gegenüber stand. Andererseits gibt es auch Fälle, in denen sich trotz anfänglicher Sympathie später ein Freundschaftsgefühl nicht einstellen will.

Zwischen Menschen unterschiedlichen Geschlechts ist es in der Regel schwieriger eine freundschaftliche Beziehung herzustellen, da sich teilweise sexuelle Absichten dahinter verbergen können. Solange es den beiden Beteiligten nicht gelingt, in dieser Hinsicht klare Grenzen zu setzen, wird der Versuch, eine Freundschaft aufzubauen, vermutlich scheitern.

Um die während eines ERASMUS-Aufenthalts entstandenen Freundschaften zu pflegen, ist es erforderlich, die Kontakte lebendig zu halten, d. h. auch nach der räumlichen Trennung weiterhin ausgiebig miteinander zu kommunizieren und zu versuchen, sich hin und wieder auch persönlich zu treffen. Wie in Kapitel 2.2.2 erörtert, lassen sich viele gemeinsame Aktivitäten nach Beendigung des ERASMUS-Aufenthalts nicht weiterführen, wenn die Partner nicht mehr an ein und demselben Ort studieren. Der am weitesten verbreitete Weg der Kontakterhaltung ist stattdessen die Nutzung des Internets (insbesondere E-Mail, *Facebook*, *Skype*), das einen intensiven und vielseitigen Gedankenaustausch ermöglicht, ohne dass nennenswerte Kosten dabei anfallen. Jedoch ist eine derart umfassende Kommunikation nur mit wenigen ausgesuchten Freunden möglich. Die meisten der E-Mail- oder *Facebook*-Kontakte bleiben oberflächlich, was dann häufig auch dazu führt, dass diese Beziehungen abgebrochen werden. Die meist wenigen richtigen Freundschaften werden insbesondere auch dadurch lebendig gehalten, dass wechselseitige Besuche geplant und durchgeführt werden. Dabei ist aber immer auch gegenseitige Rücksichtnahme und Toleranz gefordert, damit der Besuch für beide Beteiligte nicht anstrengend wird und die Freundschaft nicht nachhaltig belastet wird.

In der durchgeführten Untersuchung wurde deutlich, dass sich im Rahmen von internationalen Austauschprogrammen wie ERASMUS die Herstellung von interkulturellen Kontakten oder gar Freundschaften schwierig gestaltet, weil die speziellen Gegebenheiten während eines Auslandsaufenthalts eher die Verbindungen zwischen Landsleuten bzw. ERASMUS-Studierenden untereinander begünstigen. Dies betrifft insbesondere die von der Gastuniversität angebotenen Veranstaltungen, Kurse und Betreuungsprogramme, die sich häufig nur an die ausländischen Gäste wenden und einheimische Studierende ausschließen. Ein weiteres Hindernis liegt in der Wohnsituation der Gäste, die meist gemeinsam, aber getrennt von ihren Betreuern untergebracht werden. Zudem existiert bei den Gästen – besonders zu Beginn des Auslandsaufenthalts – häufig eine gewisse Scheu, in der fremden Sprache zu kommunizieren (Sprachbarriere). Wenn es trotz der genannten Hindernisse aber doch zu einer interkulturellen Freundschaft gekommen ist, so kann diese sehr intensiv und lang anhaltend sein. Dabei sind es vor allem die vielfältigen Kommunikationsmöglichkeiten der sogenannten *neuen Medien*, die intensiv genutzt werden, um den Kontakt lebendig zu erhalten. Zusätzlich kommt es bei solch aktiven Freundschaften auch immer wieder zu persönlichen Treffen durch gegenseitige Besuche oder gemeinsame Reisen.

Die in der Studie dargestellten Ergebnisse wurden anhand von narrativen Interviews mit wenigen und ausschließlich deutschen Teilnehmern ermittelt. Alle zusammengetragenen Aussagen basieren auf Behauptungen oder Meinungen einzelner oder mehrerer befragter Personen. Sie sind deshalb weder notwendigerweise widerspruchsfrei noch vollständig und liefern keine statistisch belegte Allgemeingültigkeit.

5 Fazit und Ausblick

Ziel der vorliegenden Studie war es, herauszufinden, wie im ERASMUS-Aufenthalt interkulturelle Freundschaften entstehen und wie diese sich weiterentwickeln. Von besonderem Interesse war dabei die Frage, wie und wodurch diese freundschaftlichen Beziehungen aufrecht erhalten oder evtl. beendet werden.

Zur Datenerhebung wurden narrative Interviews mit fünf ehemaligen deutschen ERASMUS-Studierenden durchgeführt, transkribiert und mittels Textanalyse nach Lucius-Hoene und Deppermann (2004) untersucht. In einem ersten Schritt wurde eine Grobanalyse der geäußerten Erfahrungen und Meinungen zu interkulturellen Freundschaften vollzogen. Als Ergebnis konnten drei grundsätzliche Phasen des Freundschaftsverlaufs unterschieden werden:

1. *Kennenlernen und Kontaktaufnahme*;
2. *Freundschaftsbildung*;
3. *Freundschaftserhaltung bzw. -beendigung.*

Als weitere eigenständige Kategorie konnte bei der inhaltlichen Grobanalyse aller Transkripte die jeweils eigene *Positionierung zum Freundschaftsbegriff* identifiziert werden.

Bei der Auswertung der Interviews wurde deutlich, dass durch die Gastuniversität organisierte Veranstaltungen, Kurse sowie Betreuungsmaßnahmen und Wohnraumvermittlung oft der erste Anknüpfungspunkt für das Kennenlernen und damit von möglichen Freundschaften sind. Die Austauschstudierenden sind in der Anfangsphase oft orientierungslos und müssen sich erst an die fremde Umgebung gewöhnen, was dazu führen kann, dass sie Kontakt zu Gleichgesinnten aufnehmen, um diese Startprobleme gemeinsam zu lösen. Eine tiefe und beständige Freundschaft entwickelt sich in der Regel erst über einen längeren Zeitraum; häufig entsteht sie durch gemeinsames Wohnen oder die Nachbarschaft.

Allerdings kommen die meisten Kontakte, die sich während eines ERASMUS-Aufenthalts ergeben, über den Status einer oberflächlichen Bekanntschaft nicht hinaus. Ähnlichkeit und gemeinsame Erlebnisse können jedoch durch ein intensives Kennenlernen dazu beitragen, dass aus Bekanntschaften Freunde werden. So können auch freundschaftliche Beziehungen zu Personen entstehen, die anfangs einen negativen Eindruck hinterließen. Auf der anderen Seite gibt es auch Fälle, in denen sich trotz anfänglicher Sympathie später ein Freundschaftsgefühl nicht einstellen will.

Anhand der Interviews wurde festgestellt, dass vorwiegend Landsleute zueinander finden. Dies ist nicht im Sinne des ERASMUS-Programms, das zur Absicht hat, den internationalen Austausch unter europäischen Studierenden zu fördern. Es sind insbesondere Sprachbarrieren, die eine freundschaftliche Annäherung erschweren. Andererseits kann jedoch gerade die Fremdheit der Sprachen und Kulturen einen besonderen Reiz darstellen, um gezielt Kontakt zu einheimischen oder ausländischen Kommilitonen aufzunehmen. Daneben können sich im Verlaufe des Auslandssemesters durch bereits bestehende Kontakte weitere ergeben. Die Kontaktaufnahme und Bildung von Freundschaften werden u. a. durch ein sympathisches Erscheinungsbild erleichtert.

Eine Freundschaft kann sich unbelasteter entwickeln, wenn sexuelle Absichten ausgeschlossen werden können. Deshalb ist bei heterosexuell veranlagten Menschen in der Regel der Kontakt zum eigenen Geschlecht problemloser. Unerwünschte sexuelle Annäherungsversuche können dagegen die Bildung einer Freundschaft verhindern. Doch wenn beide Partner klare Grenzen setzen, steht einer solchen Freundschaft nichts im Wege.

Was die Freundschaftspflege nach dem ERASMUS-Aufenthalt betrifft, so ist es erforderlich, die Kontakte lebendig zu halten. Dabei stellt sich das Problem, dass die Lebensmittelpunkte der befreundeten Personen in den meisten Fällen sehr weit von einander entfernt sind, sodass persönliche Begegnungen entsprechend selten stattfinden können. Die *neuen Medien* (insbesondere E-Mail, *Facebook* und *Skype*) sind die am weitesten verbreite Art, einen intensiven und vielseitigen Gedankenaustausch zu ermöglichen. So lassen sich Freundschaften pflegen und es ergeben sich vielfältige Möglichkeiten zur schriftlichen, akustischen und visuellen Kommunikation, in Echtzeit oder asynchron, sodass fast jeder jederzeit erreichbar ist. Diese virtuelle Nähe wurde von den Probanden mehrfach als wesentlicher Grund und als Notwendigkeit für das Erhalten von Freundschaften über große Entfernungen genannt. Jedoch findet diese Kommunikation nur mit wenigen ausgewählten Freunden statt. Die meisten im ERASMUS-Semester geschlossenen Kontakte bleiben oberflächlich, was häufig dazu führt, dass diese Beziehungen ganz abgebrochen werden. Die meist wenigen richtigen Freundschaften werden insbesondere auch dadurch lebendig gehalten, dass wechselseitige Besuche geplant und durchgeführt werden. Dabei ist aber auch gegenseitige Rücksichtnahme und Toleranz gefordert, um nicht lästig zu werden und dadurch die Freundschaft nachhaltig zu belasten.

Die fünf befragten Probanden hatten allesamt die deutsche Staatsangehörigkeit. Auch wenn gewisse Sachverhalte von mehreren Personen geäußert wurden, handelt es sich doch um Einzelmeinungen ohne statistisch fundierte Beweiskraft. Die genannten Einschränkungen legen angrenzende Forschungsarbeiten nahe mit fallweise veränderten Randbedingungen und Zielrichtungen. So könnte beispielsweise untersucht werden, welche veränderten Ergebnisse sich einstellen, wenn der befragte Personenkreis anders zusammengesetzt wird (z. B. nur ausländische Studenten, die in Deutschland zu Gast waren). Auch ist die Frage interessant, ob bei der Entwicklung von interkulturellen Freundschaften im Rahmen des ERASMUS-Programms signifikante Unterschiede zwischen Männern und Frauen festzustellen sind. Weiterhin kann auch versucht werden, zu den in dieser Studie gewonnenen Ergebnissen mit Hilfe quantitativer Methoden allgemeingültige Erkenntnisse einzuholen. Schließlich bietet sich ebenfalls an, im Zusammenhang mit interkultureller Freundschaft speziell die Rolle der mobilen Kommunikation und den Einfluss von Betreuungsmaßnahmen durch die gastgebende Universität zu untersuchen.

Abschließend bleibt zu hoffen, dass diese Studie die Forschungsliteratur über interkulturelle Freundschaftsbeziehungen erweitert und Anknüpfungspunkte für weitere Untersuchungen aufzeigt.

Literaturverzeichnis

Allan, G. (1989):
Friendship: Developing a sociological perspective. Hemel Hempstead: Harvester Wheatsheaf.

Argyle, M.; Henderson, M. (1986):
Die Anatomie menschlicher Beziehungen: Spielregeln des Zusammenlebens. Paderborn: Junfermann.

Auhagen, A. E. (1991):
Freundschaft im Alltag: Eine Untersuchung mit dem Doppeltagebuch. 1. Auflage. Bern [u.a.]: Huber.

Auhagen, A. E. (2002):
Freundschaft und Globalisierung. In: Hantel-Quitmann, W. (Hg.): *Die Globalisierung der Intimität: Die Zukunft intimer Beziehungen im Zeitalter der Globalisierung.* Gießen: Psychosozial-Verlag, 87–115.

Auhagen, A. E.; von Salisch, M. (1993):
Zwischenmenschliche Beziehungen. Göttingen: Hogrefe.

Australian Government (2007):
Mateship, diggers and wartime. Online verfügbar unter:
http://australia.gov.au/about-australia/australian-story/mateship-diggers-and-wartime [zuletzt geprüft am: 23.01.2013].

Bernart, Y.; Krapp, S. (2005):
Das narrative Interview: Ein Leitfaden zur rekonstruktiven Auswertung. 3. überarbeitete Auflage. Landau: Empirische Pädagogik.

Bibliographisches Institut GmbH (2012):
Social Network. Online verfügbar unter:
http://www.duden.de/rechtschreibung/Social_Network [zuletzt geprüft am: 26.10.2012].

Bohnsack, R. (2010):
Rekonstruktive Sozialforschung: Einführung in qualitative Methoden. 8. Auflage. Opladen [u.a]: Barbara Budrich.

Brunner, B. (2011):
Freundschaft 2.0 – Wie Facebook & Co unsere Freundschaften beeinflussen: Chancen und Risiken. München: GRIN Verlag GmbH.

Brüsemeister, T. (2008):
Qualitative Forschung: Ein Überblick. 2. überarbeitete Auflage. Wiesbaden: VS Verlag für Sozialwissenschaften.

Budke, A. (2003):
Wahrnehmungs- und Handlungsmuster im Kulturkontakt: Studien über Austauschstudenten in wechselnden Kontexten. Göttingen: V & R unipress.

Ceballos, J. (2009):
Interkulturelle Freundschaften: Begegnung und Dialog in interkulturellen Freundschaften. Saarbrücken: VDM Verlag Dr. Müller.

Chan, W. Y.; Birman, D. (2009):
Cross-and same-race friendships of Vietnamese immigrant adolescents: A focus on acculturation and school diversity. *International journal of intercultural relations,* Jg. 33, Nr. 4, 313–324. Online verfügbar unter: http://www.sciencedirect.com/science/article/pii/S0147176709000406 [zuletzt geprüft am: 23.01.2013]

Cialdini, R. B. (2010):
Die Psychologie des Überzeugens: ein Lehrbuch für alle, die ihren Mitmenschen und sich selbst auf die Schliche kommen wollen. 6. überarbeitete und erweiterte Auflage. Bern: Huber.

Conacher, J. E. (2008):
'Home Thoughts on Abroad': Zur Identität und Integration irischer ERASMUS-StudentInnen in Deutschland. *Gfl journal,* Nr. 2, 1–20. Online verfügbar unter: http://www.gfl-journal.de/2-2008/conacher.pdf [zuletzt geprüft am: 23.01.2013]

Derrida, J.; de Montaigne, M. (2001):
Über die Freundschaft. Aus dem Französischen von Stefan Lorenzer und Hans Stilett. 1. Auflage. Frankfurt am Main: Suhrkamp.

Deutscher Akademischer Austauschdienst (2012):
Der DAAD als Nationale Agentur für ERASMUS in Deutschland. Online verfügbar unter: http://eu.daad.de/eu/llp/die-rolle-des-daad/08312.html [zuletzt geprüft am: 21.01.2013].

Deutscher Akademischer Austauschdienst (2012):
ERASMUS im Programm für lebenslanges Lernen (2007–2013). Online verfügbar unter: http://eu.daad.de/eu/llp/06332.html [zuletzt geprüft am: 21.01.2013].

Döring, N. (2003):
Sozialpsychologie des Internet: Die Bedeutung des Internet für Kommunikationsprozesse, Identitäten, soziale Beziehungen und Gruppen. 2., vollständig überarbeitete und erweiterte Auflage. Göttingen: Hogrefe.

Doyle, M. E.; Smith, M. K. (2002):
Friendship: theory and experience. Online verfügbar unter: http://www.infed.org/biblio/friendship.htm [zuletzt geprüft am: 28.01.2013].

dtp-neuemedien (2013):
: *Beispiele Neue Medien.* Online verfügbar unter: http://www.dtp-neuemedien.de/neue-medien/beispiele-neue-medien.htm [zuletzt geprüft am: 19.01.2013].

Duck, S. (1991):
: *Friends, for life: The psychology of close relationships.* 2. Auflage. Hemel Hempstead: Harvester Wheatsheaf.

Duncker, A. (2012):
: *Menschenrechte und Islam.* Online verfügbar unter: http://www.verschiedengemeinsam.de/runder-tisch-der-religionen/interreligioese-literatur [zuletzt geprüft am: 28.01.2013].

Ehrenreich, S. (2008):
: Auslandsaufenthalte quer gedacht – aktuelle Trends und Forschungsaufgaben. Anmerkungen aus deutscher Warte. In: Ehrenreich, S., Woodman, G.; Perrefort, M. (Hg.): *Auslandsaufenthalte in Schule und Studium: Bestandsaufnahmen aus Forschung und Praxis.* Münster; New York [u.a.]: Waxmann, 29–38.

Europäische Kommission (2013):
: *Das Programm ERASMUS – Studieren in Europa und mehr.* Online verfügbar unter: http://ec.europa.eu/education/lifelong-learning-programme/erasmus_de.htm [zuletzt geprüft am: 21.01.2013].

de Federico de la Rúa, A. (2002):
: Amistad e identificación: las micro fundaciones de las pertenencias macro. Amigos europeos e identidad europea. In: *REDES – Revista hispana para el análisis de redes sociales*, Jg. 3, Nr. 6, 1–28. Online verfügbar unter: http://revistes.uab.cat/redes/article/view/25/16 [zuletzt geprüft am: 28.01.2013].

de Federico de la Rúa, A. (2003):
: La dinámica de las redes de amistad. La elección de amigos en el programa Erasmus. In: *REDES – Revista hispana para el análisis de redes sociales*, Jg. 4, Nr. 3, 1–44. Online verfügbar unter: http://revista-redes.rediris.es/pdf-vol4/vol4_3.pdf [zuletzt geprüft am: 28.01.2013].

de Federico de la Rúa, A. (2008):
: How Do Erasmus Students Make Friends? In: Ehrenreich, S., Woodman, G.; Perrefort, M. (Hg.): *Auslandsaufenthalte in Schule und Studium: Bestandsaufnahmen aus Forschung und Praxis.* Münster; New York [u.a.]: Waxmann, 89–103.

Flick, U. (2011):
: *Qualitative Sozialforschung: Eine Einführung.* 4. Auflage. Reinbek bei Hamburg: Rowohlt Taschenbuch Verlag.

Flick, U., Kardorff, E. von; Steinke, I. (2012):
Was ist qualitative Forschung? Einleitung und Überblick. In: Flick, U., von Kardorff, E.; Steinke, I. (Hg.): *Qualitative Forschung: Ein Handbuch.* 9. Auflage. Reinbek bei Hamburg: Rowohlt Taschenbuch Verlag, 13–29.

Gareis, E. (1995):
Intercultural friendship: A qualitative study. Lanham: University Press of America.

Gareis, E.; Merkin, R.; Goldman, J. (2011):
Intercultural Friendship: Linking Communication Variables and Friendship Success. In: *Journal of Intercultural Communication Research,* Jg. 40, Nr. 2, 153–171. Online verfügbar unter: http://www.tandfonline.com/doi/abs/10.1080/17475759.2011.581034 [zuletzt geprüft am: 23.01.2013]

Gläser, J.; Laudel, G. (2009):
Experteninterviews und qualitative Inhaltsanalyse als Instrumente rekonstruierender Untersuchungen. 3. überarbeitete Auflage. Wiesbaden: VS Verlag für Sozialwissenschaften.

Glinka, H.-J. (1998):
Das narrative Interview: Eine Einführung für Sozialpädagogen. Weinheim; München: Juventa.

Görig, C. (2011):
Gemeinsam einsam: Wie Facebook, Google & Co. unser Leben verändern. 2. Auflage. Zürich: Orell Füssli.

Heidbrink, H. (2007):
Freundschaftsbeziehungen. In: *Journal für Psychologie,* Jg. 15, Nr. 1, 1–15. Online verfügbar unter: http://www.journal-fuer-psychologie.de/index.php/jfp/article/view/122/109 [zuletzt geprüft am: 23.01.2013].

Heidbrink, H.; Lück, H. E.; Schmidtmann, H. (2009):
Psychologie sozialer Beziehungen. 1. Auflage. Stuttgart: Kohlhammer.

Hendrickson, B.; Rosen, D.; Aune, R. K. (2011):
An analysis of friendship networks, social connectedness, homesickness, and satisfaction levels of international students. In: *International journal of intercultural relations,* Jg. 35, Nr. 3, 281–295. Online verfügbar unter: http://www.sciencedirect.com/science/article/pii/S0147176710000799 [zuletzt geprüft am: 23.01.2013]

Heringer, H. J. (2007):
Interkulturelle Kommunikation: Grundlagen und Konzepte. 2. Auflage. Tübingen [u.a.]: Francke.

Hofstede, G.; Hofstede, G. J. (2011):
Lokales Denken, globales Handeln: Interkulturelle Zusammenarbeit und globales Management. 5. Auflage. München: Deutscher Taschenbuch Verlag; Beck.

Hopf, C. (2012):
Qualitative Interviews – Ein Überblick. In: Flick, U., von Kardorff, E.; Steinke, I. (Hg.): *Qualitative Forschung: Ein Handbuch*. 9. Auflage. Reinbek bei Hamburg: Rowohlt Taschenbuch Verlag, 349–360.

Isserstedt, W.; Kandulla, M. (2010):
Internationalisierung des Studiums – Ausländische Studierende in Deutschland – Deutsche Studierende im Ausland: Ergebnisse der 19. Sozialerhebung des Deutschen Studentenwerks durchgeführt durch HIS Hochschul-Informations-System. Bonn, Berlin: BWH GmbH. Online verfügbar unter: http://www.studentenwerke.de/pdf/Internationalisierungbericht.pdf [zuletzt geprüft am: 02.01.2013].

Keupp, H.; Ahbe, T.; Gmür, W.; Höfer, R.; Mitzscherlich, B.; Kraus, W.; Straus, F. (2008):
Identitätskonstruktionen: Das Patchwork der Identitäten in der Spätmoderne. 4. Auflage. Reinbek bei Hamburg: Rowohlt Taschenburg Verlag.

Kneidinger, B. (2012):
Beziehungspflege 2.0: Interaktions- und Bindungsformen der „Generation Facebook". In: Dittler, U.; Hoyer, M. (Hg.): *Aufwachsen in sozialen Netzwerken: Chancen und Gefahren von Netzgemeinschaften aus medienpsychologischer und medienpädagogischer Sicht*. München: kopaed, 79–91.

Kowal, S.; O'Connell, D. C. (2012):
Zur Transkription von Gesprächen. In: Flick, U., von Kardorff, E.; Steinke, I. (Hg.): *Qualitative Forschung: Ein Handbuch*. 9. Auflage. Reinbek bei Hamburg: Rowohlt Taschenbuch Verlag, 437–447.

Krosta, A.; Eberhard, H.-J. (2007):
Neuere Ergebnisse der deutschen Freundschaftsforschung. In: *Journal für Psychologie*, Jg. 15, Nr. 1, 1–33. Online verfügbar unter: http://www.journal-fuer-psychologie.de/index.php/jfp/article/view/120/258 [zuletzt geprüft am: 23.01.2013].

Kudo, K.; Simkin, K. (2003):
Intercultural Friendship Formation: the case of Japanese students at an Australian university. In: *Journal of Intercultural Studies*, Jg. 24, Nr. 2, 91–114. Online verfügbar unter: http://www.tandfonline.com/doi/abs/10.1080/0725686032000165351 [zuletzt geprüft am: 23.01.2013].

Küsters, I. (2009):
Narrative Interviews: Grundlagen und Anwendungen. 2. Auflage. Wiesbaden: VS Verlag für Sozialwissenschaften.

Lamnek, S. (2005):
: *Qualitative Sozialforschung: Lehrbuch.* 4. überarbeitete Auflage. Weinheim; Basel: Beltz PVU.

Lee, C. M.; Gudykunst, W.B. (2001):
: Attraction in initial interethnic interactions. In: *International journal of intercultural relations*, Jg. 25, Nr. 4, 373–387. Online verfügbar unter: http://www.sciencedirect.com/science/article/pii/S0147176701000116 [zuletzt geprüft am: 23.01.2013]

Lenz, K. (2007):
: Freundschaft. In: Fuchs-Heinritz, W.; Lautmann, R.; Rammstedt, O.; Wienold, H. (Hg.): *Lexikon zur Soziologie.* 4. überarbeitete Auflage. Wiesbaden: VS Verlag für Sozialwissenschaften.

Lexikon für Psychologie und Pädagogik (2013):
: *Dyade.* Online verfügbar unter: http://lexikon.stangl.eu/1662/dyade/ [zuletzt geprüft am: 04.02.2013].

Lucius-Hoene, G.; Deppermann, A. (2004):
: *Rekonstruktion narrativer Identität: Ein Arbeitsbuch zur Analyse narrativer Interviews.* 2. Auflage. Wiesbaden: VS Verlag für Sozialwissenschaften.

Ludwig-Mayerhofer, W. (1999):
: Transkription. *ILMES – Internet-Lexikon der Methoden der empirischen Sozialforschung.* Online verfügbar unter: http://wlm.userweb.mwn.de/ein_voll.htm [zuletzt geprüft am: 24.01.2013].

Lüsebrink, H.-J. (2008):
: *Interkulturelle Kommunikation: Interaktion, Fremdwahrnehmung, Kulturtransfer.* 2. überarbeitete und erweiterte Auflage. Stuttgart: J.B. Metzler.

Maletzke, G. (1996):
: *Interkulturelle Kommunikation: Zur Interaktion zwischen Menschen verschiedener Kulturen.* Opladen: Westdeutscher Verlag.

Maurer, M. (2006):
: Freundschaftsbriefe – Brieffreundschaften. In: Manger, K.; Pott, U. (Hg.): *Rituale der Freundschaft.* Heidelberg: Winter, 69–81.

Misoch, S. (2004):
: *Identitäten im Internet: Selbstdarstellung auf privaten Homepages.* Konstanz: UVK Verlagsgesellschaft.

Nötzoldt-Linden, U. (1994):
: *Freundschaft: Zur Thematisierung einer vernachlässigten soziologischen Kategorie.* Opladen: Westdeutscher Verlag.

Przyborski, A.; Wohlrab-Sahr, M. (2010):
Qualitative Sozialforschung: Ein Arbeitsbuch. 3. überarbeite Auflage. München: Oldenbourg.

Rektorenkonferenz der Schweizer Universitäten (CRUS) (2012):
Was ist ECTS? Online verfügbar unter: http://www.crus.ch/information-programme/bologna-lehre/was-ist-ects.html [zuletzt geprüft am: 25.12.2012].

Rosenthal, G. (2011):
Interpretative Sozialforschung: Eine Einführung. 3. überarbeitete und erweiterte Auflage. Weinheim; München: Juventa.

von Schiller, Friedrich (1798):
Die Bürgschaft. Online verfügbar unter:
http://www.gedichte.com/gedichte/Friedrich_von_Schiller/Die_Bürgschaft [zuletzt geprüft am: 24.01.2013].

Schipper, C. (2010):
Freundschaftsbeziehungen in sozialen Online-Netzwerken: Eine multidisziplinäre Studie am Beispiel von StudiVZ. Saarbrücken: VDM Verlag Dr. Müller.

Schipper, C. (2012):
Freundschaftsbeziehungen in sozialen Online-Netzwerken am Beispiel von StudiVZ. In: Dittler, U.; Hoyer, M. (Hg.): *Aufwachsen in sozialen Netzwerken: Chancen und Gefahren von Netzgemeinschaften aus medienpsychologischer und medienpädagogischer Sicht.* München: kopaed, 93–110.

Schmidt-Mappes, I. (2001):
Freundschaften heute: Volkskundliche Untersuchung eines Kulturphänomens. Freiburg im Breisgau: Verlag Wissenschaft & Öffentlichkeit.

Scholl, A. (2009):
Die Befragung. 2. Auflage. Konstanz: UVK Verlagsgesellschaft.

Schütze, F. (1983):
Biographieforschung und narratives Interview. In: *Neue Praxis*, Jg. 13, Nr. 3, 283–293. Online verfügbar unter:
http://www.ssoar.info/ssoar/handle/document/5314. [zuletzt geprüft am: 23.01.2013].

Selting, M.; Auer, P.; Barden, B.; Bergmann, J.; Couper-Kuhlen, E.; Günthner, S.; Meier, C.; Quasthoff, U.; Schlobinski, P.; Uhmann, S. (1998):
Gesprächsanalytisches Transkriptionssystem (GAT). In: *Linguistische Berichte*, Nr. 173, 91–122. Online verfügbar unter:
http://www.mediensprache.net/de/medienanalyse/transcription/gat/gat.pdf [zuletzt geprüft am: 24.01.2013].

Sias, P. M.; Drzewiecka, J. A.; Meares, M.; Bent, R.; Konomi, Y.; Ortega, M.; White, C. (2008):
: Intercultural Friendship Development. In: *Communication Reports*, Jg. 21, Nr. 1, 1–13. Online verfügbar unter: http://www.tandfonline.com/doi/abs/10.1080/08934210701643750 [zuletzt geprüft: 24.01.2013]

Steinhausen, G. (1968):
: *Geschichte des deutschen Briefes: Zur Kulturgeschichte des deutschen Volkes.* 2. Auflage. Dublin; Zürich: Weidmann.

Teichler, U. (2007):
: *Die Internationalisierung der Hochschulen: Neue Herausforderungen und Strategien.* Frankfurt am Main: Campus.

Tenorth, H.-E. (Hg.) (2007):
: *Beltz Lexikon Pädagogik.* Weinheim; Basel: Beltz.

Transkulturelles Portal (2013):
: *Kulturelle Identität.* Online verfügbar unter: http://www.transkulturelles-portal.com/index.php/4 [zuletzt geprüft am: 24.01.2013].

Vaccarino, F.; Dresler-Hawke, E. (2011):
: How You Doing, Mate? The Perceptions of Benefits and Barriers in Forming Friendships with International Students: A New Zealand Perspective. In: *Intercultural Communication Studies*, Jg. 20, Nr. 2, 177–189. Online verfügbar unter: http://www.uri.edu/iaics/content/2011v20n2/14FrancoVaccarinoEmmaDresler-Hawke.pdf [zuletzt geprüft am: 24.01.2013].

Valtin, R.; Fatke, R. (1997):
: *Freundschaft und Liebe: Persönliche Beziehungen im Ost/West- und im Geschlechtervergleich.* 1. Auflage. Donauwörth: Auer.

Wanhoff, T. (2011):
: *Wa(h)re Freunde: Wie sich unsere Beziehungen in sozialen Online-Netzwerken verändern.* Heidelberg: Spektrum Akademischer Verlag.

Wanhoff, T. (2012):
: Von Freundschaften zu Fans und Friends. In: Dittler, U.; Hoyer, M. (Hg.): *Aufwachsen in sozialen Netzwerken: Chancen und Gefahren von Netzgemeinschaften aus medienpsychologischer und medienpädagogischer Sicht.* München: kopaed, 61–78.

Williams, C. T.; Johnson, L. R. (2011):
Why can't we be friends?: Multicultural attitudes and friendships with international students. In: *International journal of intercultural relations*, Jg. 35, Nr. 1, 41–48. Online verfügbar unter: http://www.sciencedirect.com/science/article/pii/S0147176710001185 [zuletzt geprüft am: 24.01.2013].

Wolf, U. (2007):
Aristoteles' „Nikomachische Ethik". 2. Auflage. Darmstadt: Wissenschaftliche Buchgesellschaft.

Yun, S., Do, H.; Kim, H.-G (2010):
Analysis of User Interactions in Online Social Networks. Online verfügbar unter: http://channy.creation.net/blog/data/channy/2010/sns-social-interaction.pdf [zuletzt geprüft am: 24.01.2013].

Zschocke, M. (2007):
In der Fremde: Migration und Mobilität: sozialwissenschaftliche Aspekte von Auslandsaufenthalten. Frankfurt am Main; New York: Lang.

Anhang A: Gesprächsinventar (Interviewprotokoll)

Angaben zu den Gesprächsumständen

Aufnahmeort:

Aufnahmedatum und -zeit:

Gesprächsdauer:

Sprechersiglenzuordnung:

Soziodemographische Daten:

Geburtsjahr:

Bildungsabschluss:

Familienstand:

Studiengang:

Zeitraum des Erasmus-Aufenthalts:

Allgemeine Bemerkungen

Anhang B: Interviewleitfaden

Vielen Dank, dass du dich bereit erklärt hast, an meiner Untersuchung zu Interkulturellen Freundschaften teilzunehmen.

Erzählaufforderung:

- In meiner Untersuchung geht es um Interkulturelle Freundschaften, die im Rahmen eines ERASMUS-Aufenthalts entstanden sind. Dabei geht es vor allem um die weitere Entwicklung dieser Beziehung nach Beendigung des Auslandsaufenthalts, also um die Frage, wie und wodurch diese Freundschaften am Leben gehalten werden oder evtl. auch beendet worden sind.
- Ich würde dich bitten, mir alles über deine Freundschaften und den dabei gemachten Erfahrungen zu erzählen, sowie auch persönliche Meinungen dazu zu äußern. Alles, was dir einfällt, ist für mich interessant.
- Erzähl mir auch von den Umständen der Freundschaft vom ersten Kontakt an, dem ersten Eindruck, gemeinsamen Erlebnissen, der Kommunikation untereinander, Gemeinsamkeiten und Unterschiede, usw. bis hin zur Entwicklung einer echten Freundschaftsbeziehung und die Gründe, die dazu geführt haben.
- Ich werde dir aufmerksam zuhören und dich dabei nicht unterbrechen. Evtl. auftretende Fragen werde ich mir notieren und im Anschluss an deine Erzählung stellen.

Nachfragephase 1: immanentes Nachfragen

Vielen Dank. Ich habe allerdings noch ein paar Fragen.

- Lücken, Auffälligkeiten, wenig detaillierte Stellen, mögliche Widersprüche

  → Du erwähntest vorhin, wie du (…). Kannst du mir diese Situation noch einmal genauer erzählen.

Nachfragephase 2: exmanentes Nachfragen

- Kommunikation (Wie; Worüber; Wie oft; Wann; Warum)
- Persönliche Interpretation des Freundschaftsbegriffs
- Reisen (Besuch bei Freund; Besuch des Freundes; Treffen auf neutralem Boden)
- interkulturelle Freundschaft vs. Freundschaft mit Landsleuten

Möchtest du abschließend noch etwas zu deiner Erzählung hinzufügen?

Vielen Dank, dass du dich für mein Interview bereit gestellt hast. Du hast mir sehr weitergeholfen.

Anhang C: Transkriptionsregeln

Transkriptionskonventionen des GAT-Basistranskripts[20]

Sequenzielle Struktur/Verlaufsstruktur

[ ] Überlappungen und Simultansprechen

Pausen

(-), (--), (---) kurze, mittlere, längere Pausen von ca. 0.25 - 0.75 Sek.; bis ca. 1 Sek.
(2.0) geschätzte Pause, bei mehr als ca. 1 Sek. Dauer

Sonstige segmentale Konventionen

und=äh Verschleifungen innerhalb von Einheiten
:, ::, ::: Dehnung, Längung, je nach Dauer
äh, öh, etc. Verzögerungssignale, sog. „gefüllte Pausen"
' Abbruch durch Glottalverschluss

Lachen

haha hehe hihi silbisches Lachen
((lacht)) Beschreibung des Lachens

Rezeptionssignale

hm, ja, nein, nee einsilbige Signale
hm=hm, ja=a, zweisilbige Signale

Akzentuierung

akZENT Primär- bzw. Hauptakzent
WORT besondere Hervorhebung eines Wortes wird durch Großbuchstaben angezeigt

Sonstige Konventionen

((hustet)) para- und außersprachliche Handlungen u. Ereignisse
<<hustend> > sprachbegleitende para- und außersprachliche Handlungen und Ereignisse mit Reichweite
<<erstaunt> > interpretierende Kommentare mit Reichweite
( ) unverständliche Passage je nach Länge
(solche) vermuteter Wortlaut
al(s)o vermuteter Laut oder Silbe
((...)) Auslassung im Transkript

---

[20] Es werden nur diejenigen Transkriptionsregeln der GAT-Konventionen (vgl. Selting et al. 1998) aufgeführt, die auch in den Transkripten verwendet wurden.